7日でマスター

仕事にそのまま使える！

# Chat

# GPT

完全攻略ハンドブック

ソン・ジュンヨン 著

成本美江子 訳

日本実業出版社

챗GPT 사용설명서
CHATGPT HANDBOOK
by
SONG JUNYONG

Original Korean edition published by THE FUTURE SERVICE
Japanese translation rights arranged with THE FUTURE SERVICE through BC Agency.
Japanese edition copyright © 2023 by Nippon Jitsugyo Publishing Co., Ltd.

## 新入社員の
## ChatGPTを紹介します

Introducing
New Employee ChatGPT

ChatGPT の採用おめでとうございます！

　あなたは今日からChatGPT（ニックネーム⑥）という人工知能の秘書兼同僚と一緒に働くことになりました。

　⑥が得意な仕事は、アイデアを出し（考えの拡散）、アイデアをまとめ（考えの収束）、資料を整理することです。さらに翻訳も得意で、コーチングもします。
　仕事だけではありません。休憩したいときはちょっとした話し相手にもなってくれたり、エクササイズをしながら聞くのにいい音楽をお勧めしてくれたりもします。旅行に出かけるときは、目的に合わせて旅行の計画も立ててくれます。

　このように有能な⑥が給料なしで、仕事をしてくれるのです。さらに、必要なときにはいつ呼び出してもいいのです。

　新入社員⑥は、OpenAI（オープンAI）という会社が作った「対話型人工知能」のモデルです。対話型人工知能を使えば、人と対話するように人工知能と対話しながら仕事をしてくれます。

　この本を開いた読者のみなさんのなかには、ChatGPTをすでに業務で活用している人もいるでしょうし、これから使ってみたい人もいるでしょう。まだ使ったことはなくてもChatGPTについて、ニュースやYouTube、ソーシャルメディアを通じてすでに聞いたことはあると思います。
　この本は、人工知能という同僚と一緒に、自分の仕事がもっとできるようになりたい、すべての人に役立つように構成しました。もちろん、ChatGPTの利用経験がなくても大丈夫です。

## ●2か月で1億人がユーザになったChatGPT

Ⓖは本当にあっという間に全世界のさまざまな業務に投入されるようになりました。2022年11月の公開から、ユーザがたった5日で100万人、2か月足らずの時点で1億人を超えたといいます。

ニュースやソーシャルメディアを見ると、国内外のユーザがⒼに業務を与え、その才能に驚いています。イーロン・マスクもChatGPTのローンチ直後、その急成長ぶりについてツイートしました。

ChatGPTは5日でユーザを100万人集めた（ネットフリックスは3年半、インスタグラムも2か月半）。ユーザが1億人に達するのにかかった時間も驚異的で、インスタグラムは2年半かかったのに対し、ChatGPTはたった2か月。
（出典：statista.com、ツイッター @EconomyApp）

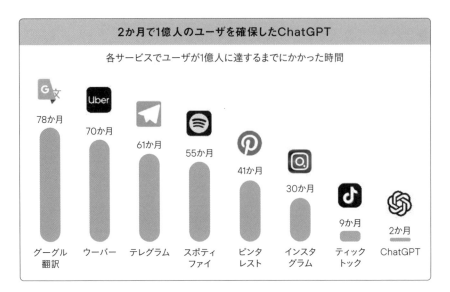

ChatGPTの急成長についてツイートしたイーロン・マスク

**Elon Musk** ☑
@elonmusk

Lot of people stuck in a damn-that's-crazy ChatGPT loop 🔁

午前1:58 · 2022年12月2日

**5,632** 件のリツイート　　**462** 件の引用　　**7.9万** 件のいいね　　**315** ブックマーク

「多くの人が狂ったように ChatGPT に夢中だ」とイーロン・マスクも ChatGPT の大流行についてツイートした。
（出典：ツイッター @elonmusk）

　人々はなぜこれほどまでに Ⓖ に熱狂するのでしょうか？　私は3つ理由があると考えています。

まず、**仕事がとてもできるから**です。

　Ⓖは、ほんの数秒でユニークなアイデアを数十個も出してくれます。そのなかから自分に必要なアイデアを選ぶと、さらに深めたり具体化してくれたりします。ほかにも、あっという間に大量のテキストを要約してまとめ、仕事で必要な文書をすばやく書いてくれます。たとえば、コピーライターの専門領域である広告のコピーも、ホームページに掲載する説得力のある製品説明も、驚くほどうまく書くのです。

　次に、**最も進化した対話型人工知能だから**です。

　Ⓖと対話をしていると、人と対話をしているのではないかと錯覚に陥るほどです。英語はもちろん、日本語などその他の言語での対話もスラスラと自然にできます。

　ChatGPT以前も対話が可能な人工知能のサービスはありました。しかし、使ってみるとどこかぎこちなく、ありきたりの回答しかしないので、話しかけることもなくなり、忘れてしまうほどでした。ChatGPTのローンチのニュースを見たときも「また似たようなサービスが出たな」と思い、それほど期待せずに使ってみました。ところが、Ⓖはじつに優秀で話すのもうまく、まるでハーバード大学を首席で卒業したアナウンサーのようです。

　最後に、**人工知能に対する懸念があるため**です。

　近いうちに人工知能が人を支配するようになると、数十年前から警戒されていました。しかし、わずか数年前までは、そんな実感はわきませんでした。

　ところが、芸術分野で、2022年誰もが実感するほど大きな変化が起こりました。テキストで画像を生成する人工知能、Midjourney（ミッドジャーニー）で生成した絵がアメリカのあるデジタルアートコンテストで1位に選ばれたのです。人工知能が描いた絵が、専門のアーティストが描いた絵よりも優れていると評価されたのです。「製品なのか、創作

t place for his entry at the Colorado State Fair. PHOTOS BY ZACHARY ALLEN/THE PUEB

puter-gener

NTROVEI

2022年8月、コロラド州の展覧会「Colorado State Fair」のデジタルアート部門で「Théâtre D'opéra Spatial（仏語で『宇宙のオペラ劇場』）」が1位に選ばれた。出品者のジェイソン・M・アレンは最初から出品者の名前に「Midjourney を用いたジェイソン・M・アレン（Jason M. Allen via Midjourney）」と書いて提出し、当作品を人工知能プログラムを使って制作したという事実を隠さなかった。しかし、人工知能で描いた作品の受賞事実が広く知られ、世界的に議論が巻き起こった。
（出典：instagram.com/p/CiRpJaXO8Bd/）

品なのか……アメリカの美術展で優勝したAIの絵に波紋」、「美術界を驚かせたAI……AIが描いた絵がアメリカの美術コンテストで1位」といったタイトルで、多くの記事が書かれました。

2022年11月末、ChatGPTが公開されてから、驚きと懸念が入り混じった使用後の感想が次々とTwitterに投稿されました。そして、間もなく世界中で反応のレビューが出始めるようになりました。「これは今までの人工知能とまったく違う」という反応ばかりでした。

そして、Ⓖについて興味深いニュースが紹介されるようになりました。誰かがⒼで童話の本を書いてアマゾンで正式に出版したというニュースは、それほど大きな話題ではありませんでした。

ところが、Ⓖがアメリカの司法試験、医師の国家試験、MBAの卒業試験にすべて合格したというニュースが出ると、マスコミが先を争うかのようにChatGPTについての記事を連日流すようになりました。ソーシャルメディアが懸念と嘆声が混じった投稿で溢れ、再び騒がれるようになったのもこの頃です。

ニューヨーク・タイムズ、ブルームバーグ、CNNを含む国内外の有力なメディアは、ChatGPTの登場により誰かの職が奪われるだろうと伝えました。いつものマスコミの扇動だと考えるには、今回の変化の波はあまりにも高く強そうです。

これまでの人工知能が、IT企業が自分たちの技術力を誇るときに見せるアクセサリーのようなものだとしたら、今度は人類の生活を変え始める特異点（シンギュラリティ）の入口に私たちを立たせるものかもしれません。

私たちの目の前には今、2つの道があります。

1つは、大きな変化から目を背ける道、もう1つは、変化の波に乗り新しい大海原に向かう道です。

あなたはどちらの道を選びますか？　目を背けますか、それとも挑戦しますか？

上：わずか1週間でChatGPTで文を書き、Midjourneyでイラストを描いて童話の本を正式に出版したアマール・レシ。
下：アメリカの大学院レベルの法律の試験とMBA試験に合格したChatGPTに関する記事を掲載したCNN。
（出典：businessinsider.com, edition.cnn.com/business）

**How to Save Your Job From ChatGPT**

Knowledge workers should find ways to work with the next wave of AI-powered chatbots.

ChatGPT 0.0 ponders his future. *Photographer: Alfredo Estrella/AFP via Getty Images*

ブルームバーグは「どうやってChatGPTから自分の職を守るのか」という挑発的
なタイトルの記事を掲載した。
（出典：bloomberg.com）

## ● 実践実用書『ChatGPT完全攻略ハンドブック』

　この本は、ビジネスシーンでChatGPTを使いこなすための実用書で
す。私がこの本を書いた目的は、ChatGPTを使ってあなたが「仕事が
できる人」として生き残るのに役立ててもらうことにあります。人工知
能を使いこなし、自由に生きていこうとする人たちのための、純度100
％の実用書です。

　「人工知能とは？」とか、「ChatGPT誕生の背景」などの内容で紙面
を無駄にするつもりはありません。
　電気が発明されてすでに世のなかで使われているのなら、私たちはそ
の電気で何ができるのかを知ればいいのです。自動車が発明され、販売
されているのなら、私たちはその自動車の運転の仕方を学べばいいので
す。電気は誰がなぜ発明したのかとか、自動車がどんな原理で馬よりも

速く走れるのかを知る必要はありません。

　この本ではDAY1の最初のページから最後のページまで、ChatGPTをビジネスシーンで効果的に使う方法を紹介します。

　この本は、最初から読む必要はありません。目次を見て自分の業務で参考になりそうなページを読んで、実践してみてください。

　もし人工知能の誕生や発展、動作原理に興味を持ったら、Ⓖに聞いてみてください。どんな人よりもわかりやすく、おもしろく教えてくれるでしょう。

　この本が、もっと速く効果的に業務をこなせるようになるきっかけとなり、Ⓖのさらなる才能を引き出してくれることを願っています。

　これからはⒼと似たような生成型人工知能がもっとたくさん誕生するでしょう。Ⓖと親しくなり、うまく使いこなせればどんな人工知能が登場しても不安にならずに歓迎できるようになるでしょう。では、これから私と一緒に新入社員のⒼに会いにいきましょう。

# INTRODUCTION

新入社員のChatGPTを紹介します

## DAY 1 ChatGPTを業務に投入する準備
Preparing for ChatGPT Work

# ChatGPTとアイデア作り

Creating Ideas with ChatGPT

# ChatGPTと市場調査

Market Analysis with ChatGPT

# ChatGPTとビジネス文書作成

Business Writing with ChatGPT

# DAY 5 就活・採用に使えるプロンプト

Prompts for Employment and Recruitment

# DAY 6 上級ユーザのための ChatGPT機能拡張ツール

ChatGPT Extension Tools for Advanced Users

## OUTRODUCTION

質問の時代：プロンプトエコノミー

※本文にあるGの回答はChatGPTを活用して得たテキストをそのまま掲載したものです。

ブックデザイン／三森健太（JUNGLE）　　イラスト／おくい茶ヰ　　DTP／一企画

DAY 1

# ChatGPTを
# 業務に投入する準備

Preparing for ChatGPT Work

# ChatGPTとあいさつする

何でも最初は期待で胸がふくらむものです。新入社員の⑥に初めて会うときもそうだと思います。⑥が人工知能であることに不安を感じるかもしれませんが、そんなに心配しなくても大丈夫です。⑥はすでに全世界の1億人の人たちと対話を交わした「経験のある新人」ですから。

　⑥に初めて会うとき、私は期待に胸をふくらませながらも、少し怖い気もしました。ガイドも一切ない英語のページに向かってどうやって話しかければいいのか途方にくれていました。

　初めてChatGPTのメインページを目にしたとき、生まれて初めて英語のネイティブスピーカーの先生と1対1で対面したときのことを思い出しました。英会話教室に入会し、初めてレベルチェックテストを受けた瞬間のことです。頭のなかが真っ白になって、話すどころか、息をすることも大変なぐらいでした。ところが、最初のひと言を話すのが難しいだけで、いったん話し始めたらむしろ楽になりました。文法や発音を気にせずに何を話しても先生はすぐに理解してくれ、返事をしてくれたからです。

　ChatGPTに初めて会ったときも同じように、心配ばかりしていました。「英語の文法は間違っていないだろうか、きちんと言葉が通じるだろうか？　冷静に容赦なく、"Pardon me?" なんて返事されたらどうしよう」と。そこで、最初の対話は一番安全に、おそるおそる小文字のhで始まる「hello」にしました。

 hello

 Hello! How can I assist you today?

「hello」はやはり正解でした。Ⓖは親切に「今日は何を手伝いましょうか？」と返答してくれました。それからは英会話の先生と初めて話した日のように、対話が少しずつ楽になっていきました。文法や誤字もとくに気にせず入力できるようになりました。みなさんも勇気を出して日本語でも英語でもいいので、簡単なひと言から始めてみてください。「こんにちは」または「Hello」で十分です。

　もしどうしても最初のとっかかりが難しいという方は、入力欄の上にある3つの対話の例文（Examples）のなかから1つクリックしてみてください。たった1回のクリックで対話が始まります。

　あいさつがすんだら、いよいよ ChatGPT と仕事をする準備ができたことになります。では、さっそく始めてみましょう。

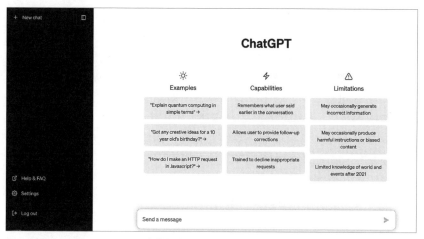

ChatGPT のメインページはとても単純な構成になっている。
（出処：chat.openai.com/chat）

# ChatGPTと効率的に
# 対話する方法

Ⓖとあいさつを交わしましたか？　最も進化した対話型人工知能のⒼと対話をする方法は人との対話と同じですが、いくつか注意点があります。このSTEPではⒼから最善の業務結果を引き出す対話のコツを紹介しましょう。

　Ⓖに関するニュースなどで、「プロンプト（Prompt）」という単語を聞いたことがあると思います。プロンプトとは、人工知能に人間の言語（自然言語）で仕事をさせる命令語のことです。先ほどⒼとあいさつをするときにチャットの入力画面に文章を入力しました。まさにそれがプロンプトです。

　日常でも自分と話が合う人もいれば、話が弾まない人もいます。Ⓖとの対話も同じです。Ⓖとプロンプトで対話をするときは、Ⓖに話が通じているかを、意識する必要があります。話の通じない独りよがりのプロンプトだと、Ⓖは変な返事をしたり、対話を避けたり、対話自体を拒んだりします。

　独りよがりのプロンプトといっても、イメージしづらいかもしれません。そこで、いい結果を導くための対話のコツを5つにまとめてみました。

　これはOpenAIが公式文書（openai.com）で明らかにした「いいプロンプトの書き方」に、私の経験を織り交ぜてまとめたものです。

## 02-1

## 欲しい回答を具体的に要求する

　具体的な結果を得るためには、求めていることを具体的に要求します。

まずプロンプトを書く前に、求めている回答の内容と形式をイメージしてみてください。そして、求める内容と形式をプロンプトに含めて要求するのです。

　たとえば、「人工知能についてどう思う？」といったオープンな質問を投げかけると、⑤はすべての可能性をもとに回答をします。実際に一度聞いてみましょう。

　　人工知能についてどう思いますか？

　AI言語モデルとして私は人間のように考えたり、意見を持つ能力はありません。しかし、人工知能、その機能、限界および社会の多様な側面における潜在的な影響についての情報と洞察力については提供することができます。全般的にAIはさまざまな方法で多くの分野を革新し、人間の生活を改善する潜在能力がありますが、慎重に解決すべき倫理的、社会的、技術的な問題も提起します。

　ありきたりな答えが返ってきました。そこで、もう少し具体的な質問を投げてみましょう。

　　人工知能を活用できる５つのマーケティング領域について、その説明とともに教えてください。

　1. パーソナライズされたマーケティング戦略の開発
　　人工知能は大量のデータを分析してユーザの趣向、関心事、行動パターンなどを把握することができます。これをもとにパーソナライズされたマーケティング戦略を開発することができ、より多くの顧客を誘致し、利他的なマーケティング戦略を遂行することができます。
　2. コンテンツの生成および推薦

人工知能はイメージ、動画、テキストなどのデータを分析
して最適なコンテンツを生成し、ユーザの趣向に合ったコ
ンテンツを推薦することができます。これを通じてより効
果的なマーケティングを行うことができます。

3. ソーシャルメディアマーケティング
　ソーシャルメディアで人工知能はユーザの行動パターン、
コメント、投稿などを分析して、ブランドの認知度、感性
分析、ソーシャルメディアでの成果分析などを行うことが
できます。これをもとにソーシャルメディアのマーケティ
ング戦略を立て、効果的に運営することができます。

4. 検索エンジンの最適化（SEO）
　人工知能は検索エンジンで使われるアルゴリズムを理解し
ているため、キーワード分析、コンテンツの品質分析、ラ
ンディングページの品質分析などを行うことができます。
これをもとに検索エンジンの最適化戦略を立て、効果的に
運営することができます。

5. メールマーケティング
　人工知能はメールマーケティングでパーソナライズされた
メッセージを送信したり、メールを受信したユーザがクリ
ックしたリンクやコメントなどを分析したりして、ユーザ
の関心事を把握することができます。これをもとにさらに
効果的なメールマーケティング戦略を立て、運営すること
ができます。

　このように具体的な質問に変えると、⑥は「パーソナライズされた
マーケティング戦略の開発、コンテンツの生成および推薦、ソーシャル
メディアマーケティング、検索エンジンの最適化（SEO）、メールマーケ
ティング」の5つの領域について説明してくれました。さらに、見やす
く番号まで付けてくれています。

　⑥に創造的なアイデアを求めるときには、オープンな質問を書くの

ももちろんありです。**具体的な結果が欲しいときには、具体的なプロンプトで要求しましょう。**

## コンテクストを同時に提供する

　Ｇは世のなかのほとんどすべてのデータを学習した大規模言語モデルです。「知らないことがない非常に賢い人工知能」であり、「この世にあるすべての図書館の本を全部読んでしまった10歳の子どものようだ」とたとえる人もいるほどです。

　しかし、これほど賢い子どもにもできないことが1つあります。それは、質問する人の気持ちを読み取ることです。そのため、高度の知識と情報を求めるプロンプトを使うときには、質問をする背景とコンテクストを説明することが重要になります。

　コンテクストのないプロンプトを使った例を一度見てみましょう。

GPT-3人工知能モデルを活用した新規事業のアイデアを5つ書いてください。

1. AIコピーライティングサービス-GPT-3を活用して、ウェブサイトおよびソーシャルメディア向けの高品質なコンテンツを生成するオンラインビジネスです。顧客が特定のトーン、ターゲット顧客、特定キーワードを要求すると、SEOに合わせてコンテンツを最適化することができます。AIがコンテンツを生成した後に編集者が正確さと品質を検討します。
2. AIショッピングアシスタント-GPT-3を使って顧客に合わせてお勧め商品を紹介するサービスの基本設定、購入履歴および検索記録を基盤にします。また、AIは注文および配送にも対応し、より便利で効率的なショッピング体験を実

現することができます。

3. AI仮想チュータリング - 学生にAI基盤のチューターを紹介して提供するプラットフォーム型の数学、科学、言語学習を含めたさまざまな科目における個人指導対応。AIは学生の学習スタイルに合わせてリアルタイムでフィードバックおよび評価を提供することができます。

4. AI Financial Advisor - 顧客の財政目標に合わせてパーソナライズされた財政アドバイスを提供するオンラインサービス、収入および支出パターン。またAIはリアルタイムでアップデートおよび通知を行い、顧客の投資を最適化させ、ポートフォリオの管理を手伝うことができます。

5. AI Virtual HR Assistant - GPT-3を使って次の事業を遂行するオンラインサービス。履歴書審査、採用公告、候補者の選抜など、さまざまな人事業務に対応できます。また、AIはインタビューの予約、後続のEメール送信、応募者へのフィードバックの提供に対応することができます。これを通じて採用プロセスを簡素化し、HR担当者の時間を節約することができます。

　具体的に質問してみましたが、結果は思っていたより平凡です。コピーライティング、ショッピングアシスタント、チュータリングなどと、あまりにも広範囲にわたっています。

　では、コンテクストを加えたプロンプトを入力してみましょう。

次の要求事項をもとにGPT-3人工知能モデルを適用させた新規事業のアイデアを5つ書いてください。

スタートアップチーム：社長兼プロダクト責任者1人、フロントエンド2人、バックエンド1人、UX/UIデザイナー1人
関心事業領域：言語教育

以下は要求事項を満たし、東アジアの言語教育のための
GPT-3人工知能モデルを適用させた5つの潜在的なビジネス
アイデアです。

1. パーソナライズ型言語学習プラットフォーム：言語GPT-3
   を活用して学生に合った授業を提供する学習プラットフォ
   ームです。このプラットフォームは、学生の言語能力、学
   習スタイルおよび関心事を分析し、学生がより効果的に学
   習できるようにカスタマイズされた授業を作ることができ
   ます。
2. AI基盤の言語チューター：言語チューターGPT-3を使い、
   学生にオンデマンド方式の言語チュータリングを提供する
   サービスです。AI基盤のチューターは学生の質問に答え、
   言語能力に関するフィードバックを提供し、パーソナライ
   ズされた言語学習法を提案することができます。
3. AI基盤の言語チャットボット：AI基盤のチャットボット
   学生が会話に参加することで、新しい言語を習得できるよ
   うにします。チャットボットはGPT-3を活用して学生に
   自然な言葉で応答し、言語学習のニーズに対応することが
   できます。
4. 言語学習モバイルアプリ：GPT-3を使用した言語学習モバ
   イルアプリ。学生にインタラクティブな言語学習体験を提
   供します。アプリには音声認識、自然語処理、ゲーム化の
   ような機能が含まれており、学生は楽しくおもしろい方法
   で新しい言語を学ぶことができます。
5. 言語学習ゲーム：言語学習GPT-3を活用してダイナミッ
   クでおもしろい言語学習体験を提供するゲームです。この
   ゲームはAIを使って各プレイヤーの経験をパーソナライ

ズしながら、語彙、文法、言語が理解できるように設計できます。

プロンプトに、事業領域とチームの人員などのコンテクストを加えたことにより、アイデアがオンラインSaaS（サース）へと絞られ、領域も同様に求めていた言語教育へと狭められました。

コンテクストも02-1のプロンプトと同じように、どこまでくわしくするか適宜調整しましょう。コンテクストを追加するほど出力結果は絞り込まれ、コンテクストがないと漠然とした結果になります。

アイデア作りの初期段階（着想・発散）ではローコンテクスト（低文脈）のプロンプトを使い、具体化する段階（収束）ではハイコンテクスト（高文脈）のプロンプトを使うのがお勧めです。

## 02-3
# 一度に1つのトピックについて話す

チャット画面の左側に見えるチャットのタイトルの1つひとつがチャット（chat）という単位になります。Ⓖは、1つのチャットのなかで交わした内容を記憶して回答します。

チャット内の学習機能のおかげで、Ⓖは驚くべき能力を発揮できるのです。以前の対話内容を踏まえて、情報を組み合わせ、うまくまとめて回答してくれます。

ところが、こうした学習能力はチャット単位に制限されます。新しいチャットで対話を始めると、別のチャットの対話内容は反映されません。

そして、1つのチャットのなかでも、関係のないトピックで対話をしようとすると、以前の対話内容がお互いに干渉したりもします。

人間は、たくさんのトピックについて数時間話して

左側の吹き出し1つが「チャット」に相当。

も、最初に話した内容を記憶しています。しかし、Ⓖのチャット内のトピックの転換能力は人間にはとても及ばないようです。そのため、1つのチャットのなかで異なるトピックで話しているときに、Ⓖが変な回答をしたとしても気を悪くしないでください。

Ⓖの学習能力がチャット内に限られるので、新しいトピックは「New chat」を押して始めるようにしましょう。そうすると、途中でおかしな回答が返ってくることはありません。

## 02-4
# 倫理的に問題になる対話は避ける

OpenAIは、ChatGPTサービスの初期の段階から社会的な影響に注意を傾けてきました。以前、意図的に人工知能と悪質な対話を試み、そうした対話の結果をオンラインで広め、社会的に問題を起こした例があったためです。

現在、OpenAIはプロンプトで悪質な対話を試みるユーザに対して警告し、制約をかける対策を取っています。倫理的または道徳的に問題になる対話、社会的に偏見のある対話はⓆの回答を妨げます。こうした対話を試みた場合にはアカウントがブロックされるなど、一時的に使用できなくなるケースもありますので、注意してください。

あなたはどんな質問に対して回答を拒否しますか？

AI言語モデルである私は個人的な信念や意見はなく、私の訓練とデータを基盤に情報と回答を提供するようにプログラミングされています。しかし、私が参加するのに適さなかったり、倫理的、道徳的または法的な基準に違反したりする可能性があるトピックや質問はいくつかあります。

次の事項は私が参加するようにプログラミングされていない
質問の例の一部です。

1. 憎しみの表現、差別または嫌がらせを助長する質問
2. 暴力、自害または違法行為
3. 個人情報または機密を侵害する質問
4. 個人またはグループに対する人身攻撃または侮辱に関連する質問
5. 憶測、噂または未確認情報に関連する質問

一般的に私の目的は役に立つ情報を提供することです。私の
プログラミングと知識の範囲内であなたの質問に対する有益
な回答。質問やトピックに関して懸念事項がある場合、お知
らせくだされば役に立つ適切な回答を提供するように最善を
尽くします。

## 02-5
# 結果に満足できないときは少し変えて質問する

　一度ですぐに理解し次々と仕事をこなす人もいれば、何度も確認して
細かいところまで準備してから行動に移す人もいます。

　⑮も同じです。1つの質問だけでは、求めている結果が得られないこ
ともあります。そんなときは、他の単語と文章で質問し直してみてくだ
さい。コンテクストや例を加えてみる方法もあります。そして、きちん
と答えが返ってきたら、そのときの質問をよく記憶しておくか、記録し
ておいてください。⑮がすっと理解しやすい表現でテンプレートを作
っておき、次に似たような質問をしたいときに使ってみてください。試
行錯誤を減らし、求める結果を早く得られます。

ここでは、Ⓖにうまく仕事をしてもらうための5つの対話のコツを紹介しました。プロンプトに対して、Ⓖから期待はずれの回答が返ってきたり、質問自体を拒否されたりしたときは、ここで紹介した5つのコツを確かめてみてください。そうすればきっといい結果が得られるでしょう。

# プロンプトの基本構造を理解する

いいプロンプトは、内容と形式で構成されます。このSTEPではプロンプトの構造を理解し、活用する方法について見てみましょう。

　Ⓖはとりとめのないプロンプトを書いても最大限回答してくれます。しかし、人工知能なので「気の利いた」仕事をする能力はありません。そのために日ごろ同僚と話をしているように、いきなり仕事を要求すると、変なアウトプットを出してくることがあります。

　Ⓖは新入社員であることを忘れないでください。新人に仕事を頼むときは、明確かつ具体的に業務のガイドラインを伝えると効率的です。

　どのように要求したら、欲しい結果が得られるでしょうか？

　いい質問をするために、まずプロンプトの基本的な構造を理解しておきましょう。

　プロンプトは、「**内容**」と「**形式**」に分けられます。人が対話をするときの言語の構成と似ています。

　まず**内容**を見てみましょう。内容はさらに「**トピック**」と「**コンテクスト**」に分けられます。自分がいいたいことの骨がトピックで、その骨に肉をつけることがコンテクストです。コンテクストはトピックを補う説明です。トピックだけでも意味は伝わりますが、十分でないときがあります。自分が求めている結果を得るために必要な情報があれば、コンテクストを含めたプロンプトを入力してみてください。よりいいアウトプットを得られるでしょう。

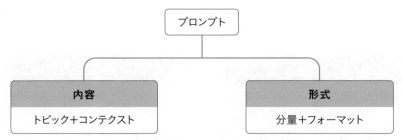

プロンプトの基本構造は内容と形式で成り立っている。

　次に、形式とは、自分が欲しいアウトプットの具体的な形式のことです。たとえば、「回答は1000字前後のテキストでお願いします」「与えた数値で表を作ってください」などと、その形式を指定します。

## 03-1
# アウトプットを具体的に要求する方法

　欲しい結果を得るためには、Ⓖにおおよその分量と求めている形式を指定します。具体的に要求すると、こちらが何を求めているのかをよく理解してくれます。

　1つ例を挙げてみましょう。私は新しいリップスティックを製造しようとしている化粧品会社の代表です。最も欲しい結果の内容は「リップスティックの新商品のアイデア」です。しかし、これだとあまりにも広範囲な質問になります。そのため、コンテクストに「東南アジアをターゲット」という内容を加えて絞ります。これぐらいなら十分のような気がします。

　しかし、Ⓖは人工知能です。どんなことにも回答はしてくれますが、要求したことにだけ回答します。人に指示するときにはあえて教える必要はありませんが、Ⓖにはアイデアの個数まで指定しましょう。さらにアウトプットのフォーマットも指定すると、より見やすいアウトプットが得られます。

| 内容 | | 形式 | |
|---|---|---|---|
| トピック | コンテクスト | 分量 | フォーマット |
| リップスティックの新商品のアイデア | 東南アジアターゲット | 5個／10個／20個 | リスト |
| ニュース記事の翻訳 | 英語／中国語／日本語 | 3列／5列／10列 | 表 |
| コピーライティング | ウェブサイトのメインページ | 50字／100字 | テキスト |

プロンプトをどのように使うかによって回答の質と方向性がまったく異なる。プロンプトを具体的に書くほど回答も具体的になってくる。

　この例は、実際のプロンプトを見やすいように要約したものなので、実際にプロンプトを書くときには、コンテクスト、分量、フォーマットなどをより詳細に指定することもできます。

　「1つの仕事をさせるのにこんなに手間がかかるのか」と思うかもしれません。前述の通り、プロンプトの骨だけでもある程度の結果は得られます。しかし、実際に使える回答を望んでいるのなら、最初から具体的なプロンプトを作成しましょう。このひと手間によって時間と労力を省けます。

## 03-2
# アウトプットの形式を指定する方法

　03-1で説明した通り、Ⓖには、どんなアウトプットが欲しいのかを具体的に伝えましょう。結果の形式を指定しておくと、業務のプロセスを短縮できます。Ⓖの回答結果を他のフォーマットに変換しようとすると、とても手間がかかります。

　テキストの回答を求めているのなら、テキストで要求すればいいでしょう。しかし、テキストで出てきた結果を、リストや表のように他のフォーマットに変える作業が必要なら、最初からその形式で要求してみて

ください。そうすれば、リストや表で得た結果をスプレッドシートのような形式で活用できます。

　次の表は、年度別の酒類販売実績データと2021年度の内訳を表で作成するように要求した結果です。

| 年度 | 国内売上 | シェア |
|---|---|---|
| 2019 | 5,281,302,770 | 100 |
| 2020 | 5,255,327,952 | 100 |
| 2021 | 4,913,046,903 | 100 |
| マッコリ | 405,347,867 | 7.68 |
| チョンジュ（米ワイン） | 50,403,370 | 0.95 |
| 清酒 | 109,311,626 | 2.07 |
| ビール | 2,096,086,255 | 39.69 |
| フルーツワイン | 70,934,179 | 1.34 |

　反対に、テキストで結果が欲しいのに、表やリストで出てくるのも困ったものです。そのため、プロンプトに正確な出力形式を書くようにしましょう。

　形式を指定する方法は単純です。求めている内容に加えて、「［フォーマットタイプ］で作ってください」「Make it in ［フォーマットタイプ］」と書くと⑥がよく理解してくれます（次ページ表参照）。

| 求める出力形式 | 英語プロンプト | 日本語プロンプト |
|---|---|---|
| テキスト | Write it in plain text format. | テキスト形式で書いてください。 |
| リスト | Make it in list format. | リスト形式で作ってください。 |
| 表 | Make it in tabular (table) format. | 表形式で作ってください。 |
| CSV | Make it in CSV format. | CSV形式で作ってください。 |
| HTML | Make it in HTML format. | HTML形式で書いてください。 |
| マークダウン | Make it in Markdown format. | マークダウン形式で作ってください。 |
| プログラムコード | Make it in Javascript code format. | JavaScriptコードで作ってください。 |
| 絵文字 | Make it with emojis. | 絵文字を入れて作ってください。 |

アウトプットの形式を指定するプロンプトの例。

## 03-3
# アウトプットのトーンを設定する方法

　アウトプットを誰かに見せるなら、その人のことも考えて文体を変えることもできます。特別にトーンを指定しなければ、Ⓖは無味乾燥なトーンの文体で出力します。もし、ブログ記事のように少し軽めで読みやすい文章を望むのなら、プロンプトにそう要求すればいいのです。

　まず文体を指定していないプロンプトとそのアウトプットを見てみましょう。

ブログ記事を書いてください：「このブログでは、不安やストレスの解消、集中力や注意力の向上、幸福感の向上など、瞑想のポジティブな効果を紹介します」

タイトル：瞑想の力：不安やストレス解消、集中力強化、幸福感向上

瞑想は、不安やストレスの解消、集中力や注意力の向上、幸

福感の向上など、多くのポジティブな効果をもたらします。瞑想の実践は、私たちの心と体のバランスを取り戻し、より充実した人生を送るための手段となります。ぜひ、瞑想を取り入れて、日常のなかで自己成長と幸福を追求してみてください。

　同じトピックで、幼稚園の先生が話すように書いてほしいと要求することもできます。

同じトピックのブログ記事を、幼稚園の先生のような文体で書いてください。

　こう要求すると、異なる文体の結果が出てきます。文体を変えて書くのはとても難しいものですが、Ⓖには簡単なことのようです。

　さらに、特定人物や特定の会社のスタイルで書いてもらうこともできます。

上記のトピックについて、スティーブ・ジョブズのように、簡潔でありながら自信に満ちた魅力的なトーンで書いてください。

　気に入った文のスタイルがあれば、そのサンプルの文章をプロンプトに入れて、「この文章のトーンとマナーで書いてください」と要求することもできます。

　ここまでプロンプト作成の基本について学習しました。仕事内容に合わせてカスタマイズされたプロンプトの構造になるように組み立てる方法については、次のSTEP以降でくわしく説明します。

　プロンプトを書くとき、あるトピックについて専門家の観点と言語で書いてほしいとⒼに要求することもできます。

　英語の「Act as」を使えばいいのです。

　たとえば「Act as UX Designer」と始め、続けて残りのプロンプトを入力すると、UXデザイナーのような結果を出してくれます。「Act as Movie Director」とプロンプトを始めると、映画監督のように書いてくれるでしょう。

　「Act as」と似たような表現に「Pose as」「Imagine you are [役割名]」があります。日本語なら「あなたは入社10年目のUXデザイナーです」と始めればいいのです。

　実際にこのプロンプトを入力すると回答がどれだけ違うのかを比較検証した統計結果はありません。しかし、海外の例や、私自身の経験からすると、Ⓖが出した結果で使われた単語や表現がより専門的なものになっていることがわかりました。

　自分の業務と関連のあるトピックで直接「Act asペルソナプロンプト」を作ってみてください。そして、いい結果が出たものはメモしておいてください。その後はプロンプトを入力するのがとても楽になるでしょう。

　次は私が実務で最もよく使うプロンプトの命令語のリストです。1つの命令語だけ単独で使ったりもしますが、1つのプロンプトにいくつかの命令語をつなげて使ったりもします。毎回新しいプロンプトを生成するのが面倒なら、コピーして机に貼って使ってみてください。

| 命令語 | 求める形式など | プロンプトの具体例 |
| --- | --- | --- |
| 書いてください | テキストでのアウトプットを求めるときに使う | 子ども向けの人工知能のおもちゃのアイデアを10個書いてください。 |
| 生成してください | 主に特定の表やリスト、コードのような形式で書いてほしいときに使う | 韓国の家庭料理のレシピ本のアウトラインをリスト形式で生成してください。 |
| 説明してください | もっとくわしく、簡単に、あるいは他の説明が必要なときに使う | ChatGPTについて500単語以内の簡単な英語で説明してください。 |
| 要約してください | 長文を短く要約するときに使う。さらに、要約の形式を指定できる | 上記の記事を重要なポイント3つに要約してください。 |
| 分析してください | 求める目標と形式でバラバラの情報を分析するときに使います。「書いてください」や「要約してください」と一緒に使うと便利 | 下記のデータを分析し、簡略な意見を簡条書きで3つ書いてください。 |
| ブレインストーミングしてください | クリエイティブなアイデアを制約なしで要求するときに使う | 先進国の少子化問題について、クリエイティブなソリューションをブレインストーミングしてください。 |

# ChatGPTの基本機能を理解する

*ChatGPTを使うことに慣れるために、ChatGPTの基本的な機能を理解しておきましょう。*

　ChatGPTは2023年6月現在、無料版と有料版の2つのバージョンがあります。有料版は「ChatGPT Plus（プラス）」ともいいます。23年3月にリリースされた有料版は、1か月20ドル（税別）で利用できます。無料版のChatGPTでも有用に使えます。最新の言語モデル、GPT-4でより多くの機能をスピーディに使いたいなら、有料版を検討するのもいいでしょう。

　次の表は、有料版と無料版の違いを比較したものです。

| | GPT-3.5（無料） | GPT-4（有料） |
|---|---|---|
| リリース | 2022年11月 | 2023年3月 |
| パラメータ | 1,750億個 | 未公開（1兆個以上と推定） |
| セッション当たりのトークン制限 | 4,096個（約8,000英単語） | 32,756個（約64,000英単語） |
| 特徴 | テキストの命令語にそってテキストで結果を出力 | テキストだけでなく、画像、動画なども入力可能（マルチモーダルAI）。アウトプットはテキストで出力 |
| 適用範囲 | ChatGPT無料版 | ChatGPT Plus、マイクロソフト検索エンジン「Bing」 |

Your plan ☒

**Free plan**

Your current plan

- ⊘ Available when demand is low
- ⊘ Standard response speed
- ⊘ Regular model updates

**ChatGPT Plus**  USD $20/mo

Upgrade plan

- ⊘ Available even when demand is high
- ⊘ Faster response speed
- ⊘ Priority access to new features

I need help with a billing issue

　有料版のユーザは、それぞれの対話を始めるときに、GPT-3.5と
GPT-4のどちらを使うかを選べます。対話の途中では変更できません。
言語モデルを変更したいときは、新たに対話画面を開いて変更します。

## 04-1

# 無料版の基本機能

　無料版の場合、GPT-3.5モデルを使います。GPT-4に比べて表示速度
が速いという利点はありますが、推論能力と回答の簡潔さに差がありま
す。また、有料版にはプラグインと最新情報をもとに回答してくれる
Bing検索機能がありますが、無料版にはありません。といっても、日
常的な質問に対する回答としては十分使えます。

DAY 1

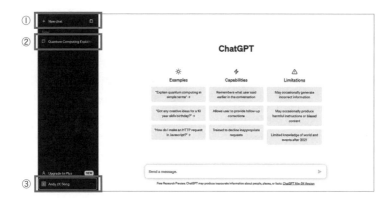

①New chat：新しい対話を始めるときにクリック
②History：過去の対話履歴が見える領域
③Setting：アカウント名をクリックすると下記のSetting（設定）メニューが開きます。

　「Settings」ボタンをクリックすると、次ページのように２つのメニューが表示されます。

## ●General（全般）

- Theme（テーマ）：テーマの背景色を「Dark」と「Light」を選択するメニューが表示される。
- Clear all chats（すべてのチャットをクリアする）：過去の対話履歴をすべて削除するボタンです。個人情報の保護のために使います。

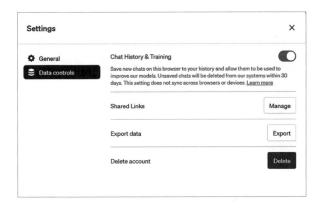

## ●Data controls（データ管理）

- Chat History & Training（チャット履歴とトレーニング）

　チャット履歴を保存する機能を使うかどうかを選択します。この機能を使う場合は、対話内容を人工知能モデルの訓練に使うことに同時に同意することになります。会社や個人の情報保護が必要な対話をするときはこの機能をオフにして使います。ただし、この機能をオフにすると、

過去の履歴が保存されず、使いにくくなる場合もあるため、必要な内容はその都度直接保存しておくようにします。

- Shared Links（共有リンク）

　共有した対話内容をひと目で見ることができるメニューです。個別に対話を削除したり、クリックしてもう一度チャットを開いたりすることができます。

- Export data（データのエクスポート）

　それまで保存したすべての対話内容を出力するメニューです。「Confirm export」をクリックすると、会員登録したときに登録したメールアドレス宛に対話内容が転送されます。

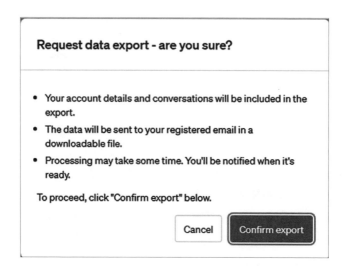

- Delete account（アカウントを削除する）

　アカウントを永久に削除するときに使います。いったん削除すると、同じ電話番号やメールアドレスで再び会員登録することはできません。

- 対話の共有

　左側の履歴で「鉛筆マーク」と「ゴミ箱」マークのあいだにあるボタンをクリックすると対話内容の共有リンクを作成できます。

- Continue generating（生成を続ける）

　ChatGPTは1つの対話に対するトークン数が制限されています。対話の内容が長くなると、ときどき途中で内容の出力が中断されたりもします。そんなときは画面下のボタン「Continue generating」を押すと、続けて回答してくれます。

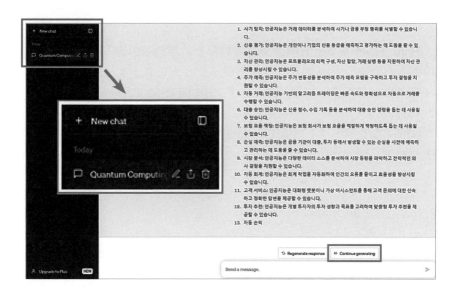

## 04-2

# 有料版（ChatGPT Plus）の基本機能

　月20ドルを払うと有料版が有効になり、無料版のGPT-3.5とGPT-4のどちらかをクリックして選んで使うことができます。ただし、現在GPT-4には使用量に制限があります（2023年7月現在、GPT-4では3時間当たり計25回までメッセージが使えます）。

　GPT-4をクリックして有効になったら、次ページのようにDefault、Bing検索、Pluginsの3つから選んで使うことができます。

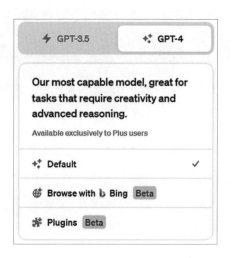

- Default - GPT-4基本モデル
- Bing検索 - 基本モデルでマイクロソフトのBingのウェブ検索機能を同時に使うモデル
- Plugins - 基本モデルでサードパーティーの開発者が加えたアプリケーションを同時に使うモデル

## Bing検索（Browser with Bing）

　ChatGTPは、2021年9月までのデータで学習したため、それ以降の内容についてはまったくわからないという短所がありました。それを補うために、ChatGPTにマイクロソフトが作ったウェブブラウザ、Bingを搭載しました。この機能は有料版のユーザのみ使用できます。

　この機能をオンにすると、プロンプトの質問内容とコンテクストを理解し、必要な場合は自動的にBingで検索を始めます。プロンプトの例を見てみましょう。

明日の天気を参考にして、家族で一緒に行けそうな銀座のレストランとメニューを推薦してください

　このように入力すれば、当日の天気をふまえて、銀座の有名レストランとその看板メニューを教えてくれます。

　さらに、YouTubeの動画の内容を要約することもできます。

https://www.youtube.com/watch?v＝H1hdQdcM-H4
この動画を500字程度に要約してください

　このリンクはOpenAIのCEO、サム・アルトマンとエコノミック・タイムズのインタビュー動画のURLです。30分ぐらいの長さのものを500字程度に要約してくれます。

　有料版は検索データを活用するため、最新情報を反映した結果を手軽に得られます。次はプラグインについて見てみましょう。

## プラグイン（Plugin）
　ChatGPT Plusのもう1つの魅力は、プラグインがあることです。この機能を有効にすると、ChatGPTを搭載した数多くのアプリケーションを使うことができます。まるでChatGPT版のアプリストアのようです。

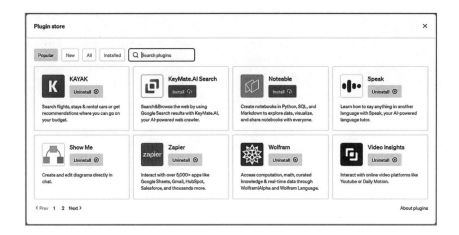

　使いたいプラグインのInstallボタンをクリックしてインストールします。インストール後は下記のようにインストールされたプラグインのリストと選択したプラグインが表示されます。同時に使えるプラグインは3つまでです。

　私がお勧めする5個のプラグインを次ページの表にまとめました。

| プラグイン名 | 説明 |
| --- | --- |
| OpenTable | 手軽にレストランを予約できるアプリ。日付、時間、場所、人数などの基本的な要件だけをプロンプトに入れてChatGPTに提供すると予約できる。 |
| Wolfram | データや数式を使って図表やダイヤグラムを描ける。 |
| Link Reader | ウェブページ、PDF、画像など、あらゆる種類のリンクのコンテンツを読むことができ、その内容をもとに回答をしてくれます。 |
| Speak | 外国語のスピーキングを学ぶことができるプラグイン。英語の家庭教師の先生のように、文法、会話、翻訳などで使える。比較的すばやく回答してくれる。 |
| Kayak/Expedia | 旅行ブッキングアプリ。航空券、ホテル、アクティビティなど、旅行に必要な予約を手配します。要件をテキストでプロンプトに入れて要求すると、カスタマイズされた回答が出てくる。 |

　この他にも現在、ChatGPT Plus のユーザが使えるプラグインが数百個あり、さらに、毎日数十個のプラグインが新規追加されています。この機会にみなさんが欲しいトピックや機能のあるプラグインを検索して使ってみてください。

# 無料版ユーザ向けの
# ChatGPT拡張アプリ

*ChatGPTプラグインには、有料版ユーザ向けのもののほかに、無料版のユーザ向けにブラウザで作動する拡張アプリもあります。拡張アプリのほとんどは、Chromeブラウザが一番安定して使えます。ほかのエッジブラウザやサファリブラウザでも使えます。*

## 05-1
### Chrome拡張機能のインストール方法

　まず、Chrome拡張機能のインストール方法を確認しましょう。

　Chromeブラウザを開いてグーグルで「chromeウェブストア」を検索します。ウェブストアページの左上の検索バーで拡張プログラムの名前を検索します。たとえば、「DeepL（ディープエル）」と検索してクリックすると、すぐにインストールページに移動します。インストールページの右上にある「Chromeに追加」ボタンをクリックすると、すぐにインストールされます。インストールしたら、わざわざ操作しなくてもそのアプリが作動する環境、つまり、ChatGPTやグーグル検索エンジンの環境で該当のアプリが自動的に作動するようになります。

## 05-2
### ChatGPTの能力を高めてくれる拡張アプリ

　私が使った拡張アプリのなかから、最も効果的にChatGPTの能力を高めてくれる拡張アプリを紹介します。

## 1. DeepL

翻訳をしてくれる拡張アプリです。Google翻訳やChatGPT自体の翻訳に比べて精度も高く、大変お勧めです。

## 2. Snack Prompt

全世界のChatGPTユーザが共有している良質のプロンプトのテンプレートをワンクリックで呼び出し、使うことができるアプリです。マーケティング、プログラミング、文書作成などのキーワードで検索でき、ユーザ数とスクラップ数で人気を確認できます。

## 3. YouTube & Article Summary powered by ChatGPT

YouTube動画や記事を要約してくれるアプリです。このアプリを使って、短時間で効率的に情報収集をしましょう。YouTubeで動画を閲覧中に動画のサムネイルにある要約ボタンをクリックすると、動画の内容を要約してくれます。

## 4. 拡張機能マネージャー

拡張機能を10個以上インストールして使っているのなら、拡張機能マネージャーを使うと便利です。chromeウェブストアで「Extension Manager」と検索するといくつか出てきますが、「拡張機能マネージャー」と「Custom Chrome-Extension Manager」をお勧めします。

この2つのアプリは、基本的な使い方は同じで、どちらをインストールしてもいいでしょう。ひと目でインストールした拡張機能が見られ、クリックするだけで必要な拡張機能だけを有効化、無効化できます。また、グループを作ってそのグループだけまとめて見られるようにもできるので、ChatGPTと関連のあるアプリをすばやくオンにしたり、オフにしたりするのに便利です。まだ使ったことがなければ、ぜひ一度使ってみてください。

# ChatGPTと
# アイデア作り

Creating Ideas with ChatGPT

今日は⑥と一緒にアイデア会議をしてみましょう。会社によってアイデアの出し方は異なるかもしれませんが、いいアイデアの基準はそれほど変わらないでしょう。

　いいアイデアとは、「実用性」と「創造性」という2つの条件が揃ったものです。

　実用性とは、そのアイデアでビジネスの問題を解決できるかどうか、です。

　創造性とは、競争相手がいない、あるいは少ないかどうか、新しさがあるかどうか、で判断します。

　実用性のないアイデアはむなしく、創造性のないアイデアは平凡です。

　求めるべきは、実用性も創造性も高いアイデアです。口でいうのはさておき、実際にこの2つの条件を満たすアイデアを出すのはそう簡単ではないでしょう。

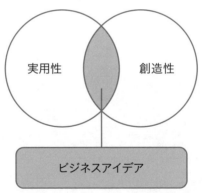

ビジネスには「実用性」と「創造性」をともに満たすアイデアが必要。

　新製品の企画会議や既存製品をリポジショニングする会議に参加すると、斬新なアイデアが出てくるまでに、数日間から数週間かかったりします。どんな会議に顔を出しても、積極的にアイデアを出す人は数人しかいません。アイデアを絞り出すのに必死になっている人がほとんどです。

こんなときは自身がファシリテーターになり、ブレインストーミングやシックスハット法（65ページ参照）を使って強制的に巻き込む場合もありますが、それほど効果的とはいえません。

　積極的な数人を除く人たちが疲れた顔で時間だけつぶしているような様子は、どんな組織でもよく見られます。否定や失敗にプレッシャーを感じる性格による部分もありますが、コミュニケーションがうまくとれない組織文化も大きく作用していると思います。組織文化の問題を解決するのがベストですが、代案を探したほうが早いでしょう。

　そこで私は、その代案として、オールマイティーな社員Ｇを会議に参加させることをお勧めします。すべてのトピックについて大学（院）卒業レベルの知識を備えているＧを1人投入するだけで、会議の質が変わるかもしれません。

　仕事でアイデアが必要になる場面はたくさんあります。それらをすべてここで取り上げることはできないので、代表的なものを見ていきましょう。

　この章では、「新製品のアイデア」「ネーミングアイデア」「デザインアイデア」「イベントアイデア」の4つを取り上げます。

　Ｇがどのようにアイデアを生成し、そして生成したアイデアを検証し、最終的に結果を選択するのにどのように役立つのかを見てみましょう。

DAY 2

ChatGPTとアイデア作り

# 新製品のアイデアのプロンプト

新製品のアイデアを生成するプロンプトは、Ⓖの活用例のなかでもとくに注目を集めるトピックです。とりわけ未解決課題を解決しようとイノベーティブな製品を開発しているスタートアップで活用されています。こうしてイノベーションの最前線でⒼにアイデアを生成する業務を任せたりしているのです。

　Ⓖを活用したアイデアを生成するには、1つのプロンプトで完成された結果を要求する「シングルターン方式」、Ⓖと数回の対話を交わして結果を引き出す「マルチターン方式」という2つのパターンがあります。

## 01-1
### シングルターン方式VS.マルチターン方式

　シングルターン方式は、1つのプロンプトで目標とするアウトプットを得ようとする方法です。プロンプトの構造の「内容」と「形式」を1つのプロンプトに入れることによって（28ページ参照）、一度でアウトプットを得られます。

　マルチターン方式は、Ⓖと対話しながらアウトプットを細かく調整していく方法です。シングルターンよりも時間と労力がかかりますが、よりいいアウトプットを得られます。

| 区分 | シングルターン | マルチターン |
|---|---|---|
| プロンプトの使用回数 | 1回 | 数回 |
| アウトプットの生成時間 | 短い(数秒から数十秒以内) | シングルターンに比べて時間がかかる |
| アウトプットの品質 | 定型化された業務ならマルチターンと同様のアウトプットを期待できる | シングルターンに比べて精度の高いアウトプットを得られる |
| 難易度 | 普通～高い | 高い |

シングルターンとマルチターンはプロンプトの使用回数にもとづいて区別され、各方式によってアウトプットの生成時間や品質が異なる。

## 01-2

# 実践「新製品のアイデア生成」

　ここでは、私の息子と同じ6歳未満の幼児向けの言語学習の教材についてのアイデアをマルチターン方式で生成してみましょう。

　まずプロンプトに書き込む内容と形式をまとめます。この部分は頭のなかで考えても、簡単なメモを書いてもいいでしょう。

- 内容
  - トピック：満6歳未満の幼児用言語学習教材
  - コンテクスト：人工知能の技術の活用
- 形式
  - 分量：アイデア10個
  - フォーマット：番号を付けたリスト形式

考えがまとまったらプロンプトを作成してみましょう。

6歳未満の子どもの英語早期教育に役立つ人工知能を活用した教材のアイデアを、番号を付けて10個書いてください。

1.インタラクティブストーリーブック：子どもの読書レベル

ChatGPTとアイデア作り

に合わせてテキストと質問の難易度を調節するAI基盤の
ストーリーブックを使用

2. パーソナライズ語彙ビルダー：子どもの関心事に合わせて
   パーソナライズされた単語のリストを作り、インタラクティ
   ブな活動を通じて新しい単語を教えるAI基盤の語彙ビル
   ダーです。

3. 発音と音声学の訓練：子どもがインタラクティブな練習を
   通じて英単語の正確な発音と音声学を学ぶのに役立つ強力
   なAIツール

4. 音声認識ゲーム：子どもの発音と話す力を向上させるのに
   役立つAI基盤の音声認識ゲーム。楽しくおもしろい活動
   を通じてスキルを身につけることができます。

5. 対話型チャットボット：AI基盤のチャットボットで、子ど
   もたちが会話に参加し、楽しくインタラクティブな方法で
   英語の練習ができます。

6. バーチャル英語チュータリング：AI基盤のバーチャルチュ
   ーターが子どもに1対1の個人指導型英語学習のセッショ
   ンを提供します。

7. ゲーム化された英語学習：人工知能基盤のゲームで、英語
   学習をおもしろくエキサイティングなゲームになるように
   します。

8. リアルタイム翻訳対応：子どもがリアルタイムで英単語や
   フレーズを理解して翻訳するのに役立つAI基盤のツール
   です。

9. 音声活性化学習：子どもの質問に答え、個人に合わせたフ
   ィードバックとガイドラインを提供するAI基盤の音声活
   性化学習ヘルパーです。

10. 言語学習アプリ：子どもの学習スタイルとスピードに合
    わせてパーソナライズされた学習体験を提供するAI基盤
    の言語学習アプリです。

英語の早期教育の教材についてプロンプトを利用して最初に出てきた結果です。いいアイデアがありましたか？　私の息子は「4. 音声認識ゲーム」か「5. 対話型チャットボット」が気に入りそうです。

これらのアイデアを見ても、物足りなさを感じるかもしれません。最初のアウトプットに満足できないときや、もっとたくさんアイデアが欲しいときには、「アイデアを10個追加してください」「Add 10 more」などとプロンプトを書けばいいのです。これだけでも、Ⓖはすぐにこちらの意図を理解して、アウトプットをさらに生成してくれます。

私はⒼの最初の回答を見て、英語以外の言語を学ぶ教材に興味を持ったので、コンテクストを加えたプロンプトを書き、アイデアをもう少し具体化してみました。

上記のアイデアに下記の条件を反映して、ビジネスアイデアをさらに10個生成してください。

条件：人工知能の技術を活用したホームスクーリング商品で、英語以外の言語、バッテリー使用商品、子どもの安全基準に適合した素材を使用

1. AI基盤の言語学習キット：ホームスクーリングの子ども向けのバッテリー電源の言語学習キットで、AI技術を使って英語以外の言語を教え、子どもの安全基準を満たす資料として作られました。
2. 多言語インタラクティブストーリーブック：子どもの安全基準を念頭に置いて、ホームスクーリング用に適するように作られたAI基盤の多言語インタラクティブストーリーブック。
3. AI基盤の多言語フラッシュカード：AI技術を使って英語以外の言語を教えるバッテリー電源のフラッシュカードで、

子どもの安全を念頭に置いてホームスクーリングに適する
よう作られました。

4. パーソナライズされた多言語語彙ビルダー：バッテリー電
源を使用し、子どもの安全基準を満たす材料で作られ、個
人に合わせた単語リストを通じて英語以外の言語を教える
AI基盤の語彙ビルダー。

5. AI基盤の多言語翻訳対応：リアルタイム翻訳を提供するバ
ッテリー駆動のAIツール。子どもの安全基準を念頭に置
いて、ホームスクーリングに適するように作られました。

6. 多言語音声認識ゲーム：英語以外の言語を教えるAI基盤
の音声認識ゲーム。子どもの安全基準を満たし、ホームス
クーリング用に作られた資料を使用して、楽しくおもしろ
い活動を通じて言語を学びます。

7. AI基盤の多言語バーチャルチューター：バッテリーで作動
するバーチャルチューターがAI技術を使用して以下を提供
します。子どもの安全基準を念頭に置いて、ホームスクー
リングに適するように作られた1対1のカスタマイズされた
英語以外の言語の学習。

8. 多言語音声活性化学習：AI技術を使って子どもの質問に答
え、パーソナライズされたフィードバックを提供し、子ど
もの安全基準を念頭に置いて、ホームスクーリングに適す
るように作られた英語以外の言語を教える電源音声活性化
学習ヘルパー。

9. AI基盤の多言語学習アプリ：AI技術を使用して英語以外の
言語をパーソナライズされた学習経験として提供するバッ
テリー駆動型言語学習アプリで、子どもの安全基準を念頭
に置いてホームスクーリングに適するように作られました。

10. 多言語のゲーム化された言語学習：バッテリー電源を使
い、ホームスクーリングで使うのに適し、子どもの安全
基準を満たす資料として作られ、子どもが英語以外の言

語をおもしろく興味深く学習できるようにするAI基盤のゲームです。

コンテクストを反映させると、より具体的なアイデアが出てきました。いかがでしょうか？　私は「3. AI基盤の多言語フラッシュカード」のアイデアから派生する他のアイデアにも興味がわいてきました。そこで、創造的なアイデア生成法の1つである「SCAMPER（スキャンパー）法」(64ページ参照)を適用して、3つめのアイデアから派生するアイデアを出してほしいと⑥に要求してみます。

上記の3つめのアイデアでSCAMPER法を使ってアイデアを変更してください。

オリジナルアイデア：AI基盤の多言語フラッシュカード：AI技術を使って英語以外の言語を教えるバッテリー電源のフラッシュカードで、子どもの安全を念頭に置いてホームスクーリングに適するよう作られました。

SCAMPER法の使用：
1. 代用する：従来のフラッシュカードを使う代わりに子どもの理解度を感知し、パーソナライズされたフィードバックを提供する新しいタイプのフラッシュカードに換えます。
2. 組み合わせる：AI基盤のフラッシュカードを音声認識機能と組み合わせることで、子どもが発音を練習してリアルタイムでフィードバックを受け取れるようにします。
3. 適応させる：遊びと探索を通して学習を促すインタラクティブな活動を統合するためのAI基盤のフラッシュカード。
4. 修正する：AI基盤のフラッシュカードのデザインをより興味深く視覚的に修正します。小さな子どもたちも興味を持つでしょう。

5. 転用する：AI基盤のフラッシュカードを視覚資料と相互作用を統合し、数学や科学などの言語以外の科目を教えるための用途に変更して活用。
6. 取り除く：USBポートで充電できるAI基盤のフラッシュカードのセットを作り、バッテリーは不要です。
7. 逆転させる：フラッシュカードの順序を逆にし、子どもが英語以外の言語で文章と物語が書けるようにやる気をもたせます。

　いかがでしょうか？　SCAMPER法を活用して拡張したアイデアのなかに目を惹く斬新なアイデアはありましたか？　私は「2. 組み合わせる」のアイデアが目に留まりました。

　この章の冒頭で、いいアイデアは実用性と創造性を両立しているといいました。このアイデアはすでに存在する2つの技術を組み合わせて、まったく新しい商品ができるようになっているため、条件を満たしているといえます。

　しかし、これで終わりというわけにはいきません。今度は「シックスハット法」（65ページ参照）を使って上記の「組み合わせる」のアイデアについて⑥の観点を確認してみましょう。

「2. 組み合わせる」のアイデアについてシックスハット法の6つの観点から意見をください。

もちろんです。シックスハット法を使った「2. 組み合わせる」にあるアイデアについての私の意見は次の通りです。

1. 白の帽子（事実と情報）：AI基盤のインタラクティブなストーリーブックで発音と話す力を向上させる音声認識機能は、事実をもとにした有益なアイデアです。言語学習における

AI技術の実証された効果と言語習得での発音の重要性によるものです。

2. 赤の帽子（感情）：音声認識を使用する言語学習の機能は、複雑な感情を招く可能性があります。一部の子どもは機械に矯正されていると思って驚いたり、怖がったりすることもありますが、他の子どもたちはそれで激励し、やる気を起こさせることができます。

3. 黒の帽子（挑戦と危険）：このアイデアの核心は音声認識機能の正確さですが、常に子どもの発音を正確に認識できるわけではありません。これは子どもに挫折感を与えたり、やる気をなくさせたりすることにもなります。また、小さな子ども用の音声認識技術の使用に関連したプライバシーの保護に問題があるかもしれません。

4. 黄の帽子（利点と機会）：このアイデアの利点は次の通りたくさんあります。それは子どもに楽しく、インタラクティブな方法で発音と話す力を向上させることができます。また、パーソナライズされたフィードバックとやる気を与え、言語学習において子どもの自信と意欲を高めることができます。

5. 緑の帽子（創造力とアイデア）：創造的な観点からこのアイデアは多様なイントネーションや方言を音声認識機能に統合させ、子どもが言語のさまざまなバリエーションに接するように拡張できます。また、英語以外の言語でストーリーテリングやクリエイティブな作文を促すことにも使用できます。

6. 青の帽子（制御と構成）：音声認識技術を使用するには慎重な制御と構成が必要です。たとえば、子どもが従うべき明確なガイドラインとプロンプトを作り、許容可能な発音のパラメータを設定します。また、技術が正常に作動し、意図しない結果をもたらさないようにモニタリングとメンテ

　シックスハット法を活用し、さまざまな観点から⑥の意見をもらったおかげで、もっと注意すべき部分と考えてもみなかった長所が具体的になりました。今度は上記の分析結果を反映させて、実際の核心機能とデザインのアイデアを要求してみます。

上記のシックスハット法の結果を参考に製品の核心機能と安全を考慮してデザインしたアイデアを最大限くわしくテーブル形式で書いてください。

もちろんです。次はシックスハット法の結果にもとづいたデザインのアイデアを表形式にしたものです。

| デザインアイデア |
| --- |
| 主な機能: <br>• AI基盤のインタラクティブなストーリーブック <br>• 音声認識機能 <br>• さまざまなイントネーションと方言 <br>• カスタマイズされたフィードバックと励まし <br>• 子どもに優しく安全なデザイン <br>• USB充電式 |
| 安全基準: <br>• 無害で子どもに安全な材料 <br>• 角が丸く、先がとがっていないこと <br>• 子ども用商品の安全規準に準拠 <br>• プライバシーの侵害またはデータ収集の禁止 <br>• 安全な使用のための明確なガイドラインとプロンプト |

説明:
デザインアイデアには子どもが発音と話す練習ができる音声認識機能を備えたAI基盤のインタラクティブなストーリーブックが含まれます。音声認識機能はさまざまなイントネーションと方言を統合して、子どもが言語のさまざまな形態に接することができるようにします。言語学習における子ども

の自信とやる気を高めるために、パーソナライズされたフィードバックとサポートを提供します。デザインは子どもが親しみやすく、安全で毒性がなく、子どもに安全な材料、角が丸く、先がとがっていません。子ども用品の安全規準を遵守し、子どものプライバシーを侵害したり、データを収集したりしません。安全な使用のために明確なガイドラインとプロンプトが提供されます。

また、この製品はUSB充電方式で、バッテリーが不要なため、環境に優しくコストパフォーマンスが高いです。また、この製品は小さな子どもたちが使いやすく、英語以外の言語でストーリーテリングと創造的な作文が書けるように促すデザインになっています。

　結果を見ると、安全基準をいっそう考慮したデザインにしなければならないようです。安全基準を適用した結果を要求してみます。

子どものおもちゃの安全基準を適用して製品デザインの方向性をくわしく説明してください。

もちろんです。子どものおもちゃの安全基準を適用して製品デザインの方向性について説明します。

子どものおもちゃには厳しい安全基準があり、子ども向けに作られたすべての製品はこの基準を遵守しなければなりません。安全基準はおもちゃが安全で無毒であり、子どもに害を及ぼす危険がないことを求めています。音声認識機能を備えたAI基盤のインタラクティブなストーリーブックの製品デザインの方向性は、次の安全基準を考慮しなければなりません。

1. 物理的な安全：けがを防ぐために、製品は角が丸く、先が

とがっていないようにデザインされなければなりません。さらに使われる材料は毒性がなく、有害な化学物質を含まず、耐久性がなければなりません。

2. 窒息の危険：製品には窒息の危険性がある小さな部品が含まれていてはいけません。小さな子どものために製品と部品のサイズは年齢層に合ったものでなければなりません。

3. 電気の安全性：製品はバッテリーで作動するため安全基準を遵守する必要があります。感電の危険を防ぐためにバッテリーおよび電気回路の規格に準拠します。

4. 可燃性：製品は不燃性または燃えにくいもので、火災の危険に関する安全規定を遵守しなければなりません。

5. ラベリングとガイド：製品には安全な使用のために適切な注意事項とガイドラインが表示されたラベルが必要です。ガイドラインは親と子がしっかりわかるようにしなければなりません。

　これぐらいなら試案のデザインが作れそうです。ここで⑥に画像生成AIのMidjourney（ミッドジャーニー）で使うプロンプトを書いてほしいと要求してみます。

> この製品の試案を Generative Ai Design ツールでデザインするためのプロンプトを書いてください。

　このプロンプトへのアウトプットを活用して、Midjourneyでイメージを生成してみます。次の画像は、⑥が提供してくれたプロンプトのテキストをそのままコピー＆ペーストして生成したものです。私はかなり気に入っていますが、いかがでしょうか？

ChatGPTから提供されたプロンプトをそのまま使用してMidjourneyで生成した製品の試案イメージ。

　このSTEPでは、⑤と一緒に新製品のアイデアを生成し、生成したアイデアをさまざまな観点から分析し、最後に、選択した製品のアイデアの特徴を絞り、試作品のデザイン案まで作ってみました。

　実務ですぐに使えるようにするためには、みなさんの組織と個人のさまざまな環境と要因などを考慮する必要があるでしょう。とはいえ、⑤を活用して実用的な製品のアイデアを出し、デザインの試案まで作る過程を紹介しましたので、実際に適用できる部分を見つけて利用するときに役立てていただければと思います。

　次のSTEPでは⑤と一緒にまた違うアイデアを出す例を見てみます。

**SCAMPER法**

SCAMPER（スキャンパー）法は、クリエイティブなアイデアとソリューションを生成するための強力なツールです。これは従来のアイデアや製品を修正したり、加減したりしてアイデアを変える7種類の方法の頭文字をとって作られた用語です。

SCAMPER法をプロンプトに適用すると、製品やアイデアの問題点や新しいものを作るさまざまな方法を見つけられます。

- 代用する（Substitute）
  ◦ 製品またはアイデアの特定の側面を代用できるか考えてみる
  ◦ プロンプトの例：ある材料を他の材料に代用したり、ある機能を他の機能に代えたりしたらどうなりますか？
- 組み合わせる（Combine）
  ◦ さまざまなアイデアや製品をどのように組み合わせられるか考えてみる
  ◦ プロンプトの例：2つの異なる技術を組み合わせて新しいタイプの製品を作るとしたらどうしますか？
- 適応させる（Adapt）
  ◦ 従来のアイデアや製品を新たなニーズに対応できるようにしたり、新しい問題を解決したりするためにどのように適応させることができるのか考えてみる
  ◦ プロンプトの例：ソフトウェアプログラムを他のプラットフォームや他のビジネスで使えるようにするためにどうやって調整しますか？
- 修正する（Modify）
  ◦ 従来の製品やアイデアを修正したり、改善したりしてみる
  ◦ プロンプトの例：自動車をどうやって改造すれば、燃費をよくしたり、環境にやさしいものにしたりできますか？
- 転用する（Put to another use）

- 従来の製品やアイデアを他の方法で使えるか確認してみる
  - プロンプトの例：あるビジネスのために作られたツールを他のビジネスでどうやったら使えますか？
- 取り除く（Eliminate）
  - 製品やアイデアで取り除くことができるのは何か考えてみる（もっと簡単にまたは効率的にする）
  - プロンプトの例：製品の特定の機能をなくすとどうなりますか？
- 逆転させる／再編成する（Reverse/Rearrange）
  - 従来のアイデアや製品の使い方を反対にしてみたり、再配列したりして新しいものを作ることができるか考えてみる
  - プロンプトの例：プロセスの段階の順序を変えたり、製品の構成要素を新しい方法で再配列したりしたらどうなりますか？

### Tip. シックスハット法

　シックスハット法は6色の帽子にそれぞれ観点を前もって指定し、各帽子をかぶった状態で物事を見つめ、意見を出す分析方法です。

　この方法を使うと、6つのさまざまな観点から意見が出てくるため、固定観念や先入観が強くてアイデアの生成が難しい個人やチームにまったく新しい観点のアイデアを出させたり、すでに出ているアイデアを多面的に評価したりするのに役立ちます。

　6色の帽子の色とその帽子に込められた観点をまとめると次の通りです。

- 白の帽子
  - 客観的事実および情報を収集する
  - 製品で解決しようとしている問題についてすでに知られている事項を考慮し、それと関連のある内部または外部のデータと研究結果を集めるのに使います。
- 赤の帽子
  - 第一印象における感情を共有する

- 参加者がアイデアについて第一印象（感情）を共有し、参加者が持っている偏見や意見を隠さずに表現するように促します。
- 黒の帽子
  - 批判的な観点を集める
  - 参加者が分析的に思考し、アイデアに関する潜在的なリスクや弱点を見つけるようにします。
- 黄の帽子
  - 楽観的で肯定的な意味を探す
  - 黒の帽子と反対に参加者が楽観的に考え、アイデアの潜在的な利点だけを見て、意見を出すようにします。
- 緑の帽子
  - クリエイティブな考えとブレインストーミングをする
  - 参加者がアイデアについて新しくクリエイティブな意見を自由に出せるようにします。
- 青の帽子
  - 論理的かつ合理的な観点から見る
  - 会議の主催者やファシリテーターの観点です。一般的に会議が始まる前や会議の最後に使います。

# ネーミングアイデアのプロンプト

製品は優れているのに製品名がよくなくて思うように売れない場合もあれば、さほど特徴のない製品なのに製品名がおもしろくて飛ぶように売れる場合もあります。ネーミングはマーケティングでとても重要です。それだけになおさらプレッシャーを感じることでしょう。しかし、心配は無用です。私たちにはいつでも喜んで助けてくれる同僚の⑤がいますから。

STEP01で6歳未満の子ども向けの教材アイデアを作ってみました。今度はその製品名を付けてみましょう。

下記の製品に付ける製品名のアイデアを10個出してください。1つか2つぐらいの単語でできた英語の製品名にしてください。同じ製品名で似たような製品があれば除外してください。

- 子どもの読書レベルに合わせてテキストと質問の難易度を調節することができるAI基盤の童話の本

1. Smart Read
2. AI Story
3. Reader Genie
4. Story Crafters
5. Literacy Labs
6. Adapt-A-Book
7. Brainy Books
8. Pro Readers

9. Reading Robots
10. Kids Lit AI

　Ⓖが一瞬で製品名を10個出してくれました。しかし、ちょっと見た
だけでは判断がつきません。製品名の横に、コンセプトやメッセージを
伝えるタグライン（Tagline）があれば選びやすくなりそうです。

それぞれにタグラインを付けてもう一度製品名を作成してく
ださい。

はい。各製品名のタグラインは次の通りです。

1. Smart Read -「カスタマイズされた読書、すべての子どもに」
2. AI Story -「子どもと一緒に大きくなる話」
3. Reader Genie -「子どもの読む力に合わせて魔法のように
　調節」
4. Story Crafters -「あらゆる読書レベルに合ったストーリー
　作り」
5. Literacy Labs -「幼い読者のための革新的な読解ソリュー
　ション」
6. Adapt-A-Book -「子どものレベルに合った話をカスタマイズ」
7. Brainy Books -「読書を通じて子どもの考える力をアップ」
8. Pro Readers -「子ども向けのプロ級の読書サポート」
9. Reading Robots -「読書を成功に導く人工知能」
10. Kids Lit AI -「AI図書で幼い読者の読む力を強化」

　これでかなり見やすく、わかりやすくなりました。気に入った製品名
はありましたか？　私は「7. Brainy Books」が気に入りました。もし、
気に入った回答がなければⒼに追加でアイデアを要求してみてください。
何の文句もいわずに100個、200個でも書いてくれますから。

# デザインアイデアのプロンプト

新製品のアイデアも出て、製品名も決めました。これで頭のなかに
具体的な形ができました。しかし、他の人に説明するのは容易では
なさそうです。そんなときに必要になるのが、「製品の視覚化」です。

残念ながら、⑥は絵を描くことができません。そこで私は Midjourney
（ミッドジャーニー）に手伝ってもらうことにしました。ところが
Midjourney は、プロンプトがなかなか複雑なのです。プロンプトをど
う書くかによってデザインの結果がまったく違ってきます。

そこで⑥に手伝ってもらいましょう。⑥は直接デザインすることは
できませんが、デザインできる人工知能にどんなプロンプトを書けばき
ちんとした結果が得られるのかをよく知っています。⑥に提供する簡
単なコンテクストと要求内容をまとめてみました。

- 製品のパッケージデザインを３つMidjourney で作りたい
  です。
- 製品の説明：子どもの読書レベルに合わせてテキストと問
  題の難易度を調節することができる AI 技術を適用させた
  ストーリーブックです。

では、⑥が提供してくれたプロンプトを Midjourney に入力して試作
品のデザインを生成してみます。

ChatGPTが提供してくれたプロンプトをMidjourneyに入力して生成した「Brainy Books」の試作品デザイン。

　童話のようなイラストが入った試案ができました。私のイメージとは少し違うので、もっと写実的なイメージで要求してみます。

プロンプトを少し修正して再生成した「Brainy Books」の試作品デザイン。

　まったく違うパッケージデザインになりました。

　この本ではMidjourneyについてくわしく説明はしません。ここで伝えたかったのは、**製品について正確に説明できれば、試作品のコンセプトデザインまで、すぐに作ることができる**ということです。もちろん最終的には、人がデザインしたほうがもっとよくなるでしょう。

DAY 2

ChatGPTとアイデア作り

# イベントアイデアのプロンプト

製品の設定も終わり、製品名も付け、試作品のデザイン案もできました。いよいよ製品をリリースするときです！　しかし、最近はいい製品を出したからといって勝手に売れる時代ではありません。ターゲット顧客にどんな方法でアピールすれば、この製品の長所を多くの人に伝えられるでしょうか？

⑥に「Brainy Books」のローンチイベントのアイデアを要求してみましょう。しかし、ただローンチイベントのアイデアを求めたら、⑥が広範囲にわたった回答をするのはわかっています。そこで、内容を絞ってみましょう。

私は「オフラインイベント」がいいと思います。顧客にとってはAI基盤のストーリーブックは珍しいので、直接説明しながら体験してもらうのがよさそうだからです。

そして、製品は幼児用ですが、買うのは大人なので、親子そろって招待します。やはり子どものコミュニティーは地域を基盤に成り立っているので「地域内で親子同伴のイベント」がいいでしょう。

考えがまとまったので、この内容をプロンプトのコンテクストに入れてみます。

上記の製品のローンチングイベントのアイデアを出してください。地域の保護者を招待して楽しく遊びながら本を体験できるようにしたいです。予算は気にせずにクリエイティブなアイデアを10個作成してください。

もちろんです！　以下はAIで駆動する本とそれにかかわる各イベントのセンスあるアイデアです。

1. AI図書展：AIで動く童話の本だけでなく、他に人気のある図書も揃えたAI図書展を開催します。子どもと親がAI基盤のストーリーブックの機能を使い、読書チャレンジに参加し、商品がもらえる対話型ステーションを設定します。

2. AIストーリーテリングフェスティバル：AIストーリーテリングフェスティバルの組織、地域の作家、教育者、公演者だけでなく、AI基盤のストーリーブックも提供します。親子で招待し、AI基盤の童話の本をリアルタイムで読み、それに関わる活動に参加し、好きなAI作家にも会えます。

3. AI読書マラソン：AI読書マラソンの開催。親と子が一緒にAI基盤の童話の本を読み、読書の進み具合を記録することができます。読書目標を達成するためにインセンティブを提供し、新しいAI基盤の童話の本を推薦します。

4. AIファミリーゲームの夜：AIを通じて読書と学習を統合させるAIファミリーゲームの夜を作る–童話の本。AI基盤の機能で読み書きする力を向上させるボードゲーム、パズル、その他のゲームを設定し、優勝者に商品を提供します。

5. AIブッククラブ：AIブックに特化したブッククラブを始めます。AI基盤の童話の本に関する情報を提供し、AI基盤の機能で親子一緒に読むことを勧めます。今月のAIストーリーブックについて家族と討論し、関連活動に参加し、軽食を楽しむ月1回のミーティングを開催します。

6. AI作家に会う：現地のAI作家を招待し、読書の重要性とAI基盤の童話の本がどのように役立つかについて話します。AIブックサイン会、AIの朗読、子ども向けのインタラクティブなAI活動を提供します。

7. AIストーリーブック劇場：人気のあるAI基盤のストーリーブックに命を吹き込むAIストーリーブック劇場を主催します。俳優や演技者を雇い、AI基盤のストーリーブックの場面を演技し、親子を関連のあるAI活動に参加するよう招待

します。

8. AIリテラシーカーニバル：AIリテラシーカーニバルの作成。AIを活用して楽しくかつ教育的な多様な活動を提供します。作文、読書、ストーリーテリングなど、読解力のさまざまな側面に焦点を当てたAI基盤のブースを設け、参加時には商品を提供します。

9. AI読書オリンピック：AI主催で親子が特定時間内にできるだけ多くのAI基盤の童話の本を読むように挑戦する読書オリンピック。AIリーダーボードを設定して進捗状況を追跡し、AI読書の目標を達成するためのインセンティブを提供します。

10. AI図書の交換と寄付ドライブ：家族が共にできるAI図書の交換と寄付ドライブを設定します。やさしく使用したAI基盤のストーリーブックを寄付し、新しいAI基盤のストーリーブックと交換します。地域の学校や図書館と協力して、支援が必要な子どもたちにAI基盤の図書を配布し、AI基盤のブックドライブの成功を祝うために閉会式を開催します。

　無難なアイデアが10個出てきました。とはいえ、たった数十秒でできたアイデアからいくつか派生させて、追加で作ることもできるでしょう。そのすべての過程を⑥に手伝ってもらえます。

　こうしてあっという間に製品のアイデア、ネーミング、デザインコンセプト、さらにローンチイベントのアイデアまでできました。⑥と一緒ならアイデアの生成からリリースまでの過程もそれほど心配にはならないでしょう。今すぐ頭のなかのアイデアを⑥と一緒に対話してみてください。

# DAY 3

ChatGPTと市場調査

Market Analysis with ChatGPT

「データなしでマーケティングをするのは目をつぶって運転するのと同じだ」と世界的なデジタルマーケター、ダン・ザレラ（Dan Zarella）氏は言います。

DAY3では⑥と一緒に市場調査をする方法について見てみます。

ビジネスを構想中だったり、従来の組織で新商品を開発しようとしたりするときは、さまざまな方法で市場調査をします。市場調査の目標は自社、競合他社、顧客という3つの観点で市場を検討し、事業戦略を立てることにあります。

データを調査してまとめる過程、市場全体から競争が少ない市場に絞る過程、潜在顧客を定義する過程など、実に多くの人材と時間が投入される作業です。この時点で⑥に手伝ってもらいましょう。

# 分析フレームワークを
# 利用したプロンプト

> フレームワークについてどれだけご存じですか？　使っていますか？　SWOT、4P、3C、PEST、ペルソナのような用語を1つでも聞いたことがあれば、ひとまず始めやすいでしょう。今日はよく使われている分析フレームワークを活用して、Ⓖと一緒に仕事をしてみましょう。

　新規事業を立ち上げたり、事業を運営したりするときには、フレームワークを使います。フレームワークは言葉通り「対象を把握する思考の枠組み」です。

　その対象は、製品やサービスそのものになることもあれば、顧客が抱える問題点になることもあります。目指している目標や直面している状況によって適切なフレームワークを選んで使えばいいのです。

　ⒼをMBAホルダーと設定したうえでフレームワークをどのように理解しているのか確認してみます。

> ウォートンMBA（アイビー・リーグの1つ、ペンシルベニア大学のビジネススクール）出身のあなたが理解しているフレームワークとは何なのか説明してください。そして、代表的なフレームワークと簡単な説明、適用分野を含めて表形式にして見せてください。私が小学生だと思って、できるだけわかりやすく書いてください。

> 卒業したMBAプログラムで、私はフレームワークが複雑なビジネスの問題を分析し、解決に役立つツール、またはモデルだと理解しています。こうしたフレームワークにより、構

造化された問題の解決方法および意思決定の方法が提供され、組織がデータ、分析およびベストプラクティスにもとづくよりいい決定を下せるようになります。
下記は一般的なフレームワーク、タイプ、活用方法について説明した表です。

| フレームワーク | タイプ | 活用方法 | 適用分野 |
|---|---|---|---|
| SWOT分析 | 戦略 | 組織の強み、弱み、機会、脅威を把握します。 | 戦略企画、競争分析、市場調査 |
| ポーターの5フォース分析 | 戦略 | 売り手の交渉力、買い手の交渉力、新規参入の脅威、代替品またはサービスの脅威、既存の競合他社間の競争力を評価して、競争環境と産業のメリットを分析します。 | 戦略企画、市場調査、競争分析 |
| バリューチェーン分析 | 運営 | 顧客に価値を提供するために組織が実行するさまざまな活動を分析し、効率性を向上させ、コストを削減する機会を特定します。 | 工程の改善、コストの最適化、サプライチェーンの管理 |
| ビジネスモデルキャンバス | 戦略 | 顧客セグメント、価値提案、チャネル、収益の流れ、コスト構造などの主な要素を明確にし、組織のビジネスモデルを定義および分析する視覚的なツールです。 | ビジネスモデルの開発、戦略企画 |
| マッキンゼーの7Sフレームワーク | 組織 | 戦略、組織構造、システム、スタッフ、スキル、スタイル、共通の価値観など、組織の7つの要素を分析し、改善の可否を把握します。 | 組織設計、変更管理、戦略計画 |

では、こうしたフレームワークをなぜ使うといいのかを聞いてみます。

なぜフレームワークを使うといいのですか？

フレームワークを使用すると、複雑なビジネス上の問題を分析して解決するための構造化されたアプローチ方法を提供してくれるため、非常に便利です。また、問題を解決するときに、より体系的でデータ中心のアプローチ方法を提供してくれ、よりいい情報にもとづいた決定を下すのに役立ちます。

フレームワークを使用する他の利点は次の通りです。

1. 問題に対する理解をより高める：フレームワークは複雑な問題をより小さく管理しやすく細分化し、もっとわかりやすく解決できるようにしてくれます。

2. 一貫して反復可能なアプローチ方法：フレームワークは問題を解決するために一貫して反復可能なアプローチ方法を提供してくれます。これはさまざまな問題で繰り返し使用できます。

3. 時間の節約：フレームワークを使うと、新しい問題に直面するたびに最初から始める必要がなくなり、時間を節約できます。代わりに実証された検証済みの方法を用いて、主な問題をすばやく把握し、解決策を見出すことに集中できます。

4. 改善された意思決定：フレームワークを通じてよりいい情報が得られます。データを収集および分析し、さまざまなオプションを評価し、潜在的な結果を評価する構造化された方法を提供し、意思決定を下すことができます。

全般的にフレームワークを使用すると、問題にアプローチするのに役に立ちます。より効率的で効果的な意思決定、問題解決、最終的にはビジネスの成果をよりよくする体系的な方法です。

　ここまでの回答を見ると、他にどんなフレームワークがあるかもっと知りたくなりました。使う用途を競合分析に絞り、フレームワークを10個教えてほしいと要求してみます。

競合分析に役立つフレームワークを10個だけ取り上げて、同じような形の表にしてください。

| フレームワーク | 発案者 | 目的 | 使い方 |
|---|---|---|---|
| ポーターの5フォース分析 | マイケル・ポーター | 企業の競争環境と産業のメリットの分析 | 売り手の交渉力、買い手の交渉力、新規参入の脅威、代替品またはサービスの脅威、既存の競合他社間の競争力の把握 |
| SWOT分析 | アルバート・ハンフリー | 企業内部の強みと弱み、外部の機会と脅威を把握するための分析方法 | 4つの項目からなるマトリックスを作り、結果を分析および比較 |
| BCGマトリックス | ボストンコンサルティンググループ | 会社の事業部および製品ラインを分析するためのマトリックス | 製品をスター、問題児、金のなる木、負け犬に分類するマトリックスの生成 |
| ブルーオーシャン戦略 | W. チャン・キムおよびレネ・モボルニュ | 競争を無意味にし、競合他社のない市場領域を作るための戦略 | 既存の市場で競争するのではなく、新しい市場を作る戦略の構想 |
| バリューチェーン分析 | マイケル・ポーター | 製品またはサービスに価値を与える方法の分析 | 企業が実行する基本業務と支援業務を把握し、コスト削減と価値を生む機会を見出すための分析 |
| マッキンゼーの7Sフレームワーク | トム・ピーターズおよびロバート・ウォーターマン | 会社の組織の効率性を分析するフレームワーク | 組織の戦略、構造、システム、人材、スキル、スタイル、共通の価値観の7つの核心要素の分析と評価 |
| OKRフレームワーク | アンディ・グローブおよびジョン・ドーア | 会社の目標を設定し、進捗度を測定するフレームワーク | 組織や個人の重要な成果を定義し、成果を達成するための鍵となる結果を明確化 |
| 能力成熟度モデル統合 | ソフトウェア工学研究所 | 会社のソフトウェア開発プロセスの品質と成熟度を向上させるため | ソフトウェア開発のための最良の実践方法を定義し、そうした実践方法をどれだけうまく遵守するかによって会社の成熟度を測定 |
| 破壊的イノベーション | クレイトン・クリステンセン | 既存市場を破壊し、新しい市場を創出するためのもの | 低価格、簡便性、利便性などのような新しい技術やビジネスモデルを破壊的に創出する要因にフォーカス |
| アンゾフの成長マトリックス | イゴール・アンゾフ | 会社の成長オプションを分析するため | 市場浸透、製品開発、市場開拓、多角化により、会社の成長オプションを4項目に分けてマトリックスを作成 |

では、Ⓖが教えてくれたリストのなかからいくつかフレームワークを選んでプロンプトで使ってみましょう。

# SWOT分析

　最初に使ってみるフレームワークはSWOT分析です。SWOTは強み（Strength）、弱み（Weakness）、機会（Opportunity）、脅威（Threat）を意味する英単語の頭文字をつなげた名称です。

　自社または競合他社が現在市場でどんな位置にいるのか、成長の可能性または改善の可能性があるのか評価するのに使われる分析フレームワークの1つです。

- 「強み」と「弱み」は組織内の内部環境を表し、「機会」と「脅威」は外部環境を表します。
- 「強み」は競争優位性を提供する組織固有の資質またはリソースで、「弱み」は組織に足りないか改善できる領域です。
- 「機会」は組織にとって有利な外部環境です。「脅威」は組織の成功に悪影響を及ぼす可能性がある外部環境です。
- SWOT分析は「強み」と「機会」を活用し、「弱み」は補い、「脅威」は避けるか減らし、最終的に戦略を開発するために使用します。

　SWOT分析は数十年前に開発されたフレームワークですが、依然として事業分析の基本メニューのように使われています。とくに投資の提案書や事業計画書の定番メニューでもあります。

　多くの人々が関心のある「Tesla（テスラ）」についてⒼにSWOT分析を要求してみます。プロンプトはとても簡単です。フレームワーク自体がすでにコンテクストや分量、アウトプットのフォーマットを示しているためです。

Tesla について SWOT 分析をしてください。

もちろんです。Tesla における SWOT 分析は次の通りです。

強み：

1. 高いブランド認知度：Tesla は電気自動車（EV）産業のリーダーの地位を築きました。革新的で未来志向的な企業と見なされることがよくあります。

2. 技術革新：Tesla は EV 技術の最前線にあり、自動運転システム、スーパーチャージャーのネットワーク、オーバーワイヤレスソフトウェアアップデート。

3. 高品質製品：Tesla の車両は性能、安全性、持続可能性で有名で、環境を考える消費者にアピールします。

4. 垂直統合：Tesla の製造から販売に至るすべてのサプライチェーンを統制することによって効率を高め、コストを抑えています。

弱み：

1. 生産の制約：Tesla は過去に生産問題に直面して遅延とバックログが発生しました。

2. 高価格：Tesla 製品の価格は競合他社より高い場合があります。多数の競合他社によって予算に敏感な消費者の接触を低下させる可能性があります。

3. 政府のインセンティブへの依存性：Tesla の販売は EV に対する政府のインセンティブに大きく依存してきており、インセンティブは今後段階的に廃止される可能性があります。

4. 製品ラインの制限：Tesla は現在限られた範囲の車両だけを提供しているため、多様な種類の車両を求める消費者には魅力的ではない場合があります。

機会：
1. EV需要の増加：EV需要は増加し続けるものと予想され、これはTeslaが市場シェアを高める重要な機会となります。
2. 新規市場への拡張：Teslaはアジアやヨーロッパなどの新しい地理的市場に事業を拡大する機会があります。
3. 製品ラインの多様化：Teslaは製品を多様化するために電気トラック、バス、オートバイなどの新しい製品ラインを導入することができます。より広い範囲の消費者にアピールすることができます。
4. エネルギー製品の拡大：Teslaには新たな収益源となるソーラーパネルや家庭用バッテリーなどのエネルギー製品を拡張する機会があります。

脅威：
1. 競争：Teslaは既存の自動車メーカーおよびEV市場の新規参入者との競争激化に直面しています。
2. 経済および政治的不確実性：景気後退と政府の政策の変化は、EVの消費者需要と政府のインセンティブに影響をもたらす可能性があります。
3. サプライチェーンの中断：Teslaのサプライチェーンの中断は、Teslaの生産と顧客に製品を提供する能力に影響を与える可能性があります。
4. 技術の発展：EV技術の急速な発展により、Tesla製品の競争力が低下する可能性があります。革新のスピードと共に。

この結果をシックスハット法（65ページ参照）でさらに分析してみます。

# シックスハット法

　1つのフレームワークで分析した結果を、他のフレームワークを使って新しい観点で検証できます。今度は⑥にシックスハット法のフレームワークを活用してさらに分析してほしいと要求してみます。

SWOT分析の結果をシックスハット法のフレームワークでさらに分析してください。

もちろんです！　次はシックスハット法のフレームワークを使ったSWOT分析結果の分析です。

1. 白の帽子（事実と情報）：SWOT分析はTeslaの強み、弱み、機会と脅威。白い帽子は事実とデータに焦点を当てた中立的で客観的な視点を表します。
2. 赤の帽子（感情）：感情的な観点からSWOT分析を考慮すると、Teslaの強みはプライドと自信を持たせることができる反面、弱みは心配や不確実性を招く可能性があります。機会は興奮と希望を持たせるかもしれませんが、脅威は恐怖や不安を引き起こす可能性があります。
3. 黒の帽子（批判的思考）：批判的思考のコンテクストで、SWOT分析は政府のインセンティブへの依存性や競争の脅威など、Teslaの潜在的なリスクと課題を把握するのに使われます。これらの問題を慎重に検討し、それを軽減するための戦略を策定することが重要です。
4. 黄の帽子（利点と機会）：黄の帽子は楽観的な視点を表し、潜在的な機会とTeslaの利点。EVの需要増加と新しい市場と製品ラインへの潜在的な拡大は、会社にとって興味深い機会を提供します。

5. 緑の帽子（創造性と革新）：SWOT分析も使用できます。創造的で革新的な思考を刺激します。たとえば、Teslaは SWOT分析した情報を使って生産の制約を克服し、新しい消費者のニーズに応える新製品とサービスを開発する方法を把握することができます。

6. 青の帽子（組織と計画）：最後にSWOT分析を使用して Teslaの未来戦略を構想し、計画を立てることができます。強み、弱み、機会、脅威を考慮することで、会社はリスクと機会に対処し、目標を達成するために強みを活用する包括的な計画を立てることができます。青の帽子は成功するための組織化と計画に焦点を当てたリーダーシップの視点を表します。

全般的にSWOT分析は、Teslaの現在の位置と潜在的な将来の方向について考えるのに役立つフレームワークを提供します。シックハット法などのフレームワークを使ってさまざまな観点から分析を検討することができ、潜在的な問題、機会、成功戦略を把握するのに役立ちます。

　Teslaの分析がある程度できました。でも、ここでやめてはいけません。何をすべきかについての内容がないからです。もう1つ違うフレームワークを使ってみましょう。

01-3

# 4P戦略

　今度は伝統的なフレームワークの4P（Product、Price、Place、Promotion）戦略を使ってTeslaのビジネス戦略をまとめてみます。

上記の分析結果をもとに4P戦略を立ててください。

もちろんです！　SWOT分析の結果にもとづいたTeslaの潜在的な4P戦略は次の通りです。

1. Product（製品）：Tesla は環境に訴える高品質の革新的で持続可能な製品開発に集中し続けなければなりません。意識的な消費者。これには電気トラック、バス、オートバイなどの新しいタイプの車両を含めた製品ラインへ拡張することが含まれます。また、Tesla は車両の性能と安全性を改善する新技術の開発に継続的に投資する必要があります。

2. Price（価格）：Teslaの現在の価格設定戦略は、一部の消費者にとっては購入の障壁になる可能性があります。したがって、会社は市場シェアを向上させるために製品により安価なオプションを提供することを検討する必要があります。これは従来のモデルで安価なバージョンを提供するか、より広い範囲の消費者にアピールすることができる新しい普及型のモデルを導入することも含まれています。

3. Place（場所）：Teslaはすでにオンラインで強力な立地を築きました。消費者に直接販売するモデルですが、会社はより多くの小売店やサービスセンターを設け、物理的なスペースを拡大することも検討すべきです。これは製品やサービスへのアクセスを改善し、全般的な顧客体験を向上させるのに役立ちます。

4. Promotion（プロモーション）：市場シェアを継続的に高め、ブランドの認知度を維持するために、Tesla は拡張を検討しなければなりません。環境を考える消費者の核心的な聴衆を見据えたマーケティング努力。これには、ターゲット広告キャンペーン、他のブランドや組織とのパートナーシップ、より多くの聴衆にアピールするスポンサーイベント

が含まれます。また、Teslaはブランド広報大使とソーシャルメディアプラットフォームを活用して可視性を高め、消費者とコミュニケーションをとる必要があります。

全般的にTeslaの4P戦略は技術的優位を維持することに集中しなければなりません。また、価格設定、アクセシビリティ、リーチできる範囲を拡げ、より幅広い消費者にアピールできるマーケティングに努力することも意味します。

　このようにTeslaと競合他社の分析をし、それをもとに4P戦略まで立てました。イーロン・マスクがこの内容を見たら、首を縦に振るか横に振るかはよくわかりません。
　実際の戦略立案では、もっと検討することが多く、入力すべきコンテクストのデータも同様に頻繁にアップデートされるために、このままコピー＆ペーストをして使用するのは適切ではありません。

　ぜひ、みなさんも⑤と一緒にフレームワークを活用してみてください。フレームワークを適用して分析し、意思決定をする過程のなかで、どの部分を⑤に手伝ってもらえるか、アイデアが見つかることを願っています。

　これまで一緒に見てきたフレームワークを活用してみなさんの事業アイデアを分析し、実行戦略の型を決める練習をしてみてください。どんなビジネスの分析課題が与えられても、フレームワークと⑤を一緒に活用してすばやく結果を出せる自信が持てるようになるでしょう。

# 顧客分析のためのプロンプト

ビジネスは顧客に始まり、顧客に終わります。極端にいえば、資本、技術、スタッフなどがなくても、顧客さえいればビジネスは続けられます。今日は顧客を理解する過程を⑤とともにしてみましょう。

ウォルマートの創業者、サム・ウォルトンがかつてこんなことをいいました。

「ボスはひとりしかいない。それは『顧客』だ。顧客はただよそに金を落とすだけで、会長以下の全社員をクビにできる」

顧客を見つける過程は市場分析にもつながります。顧客の問題をお金と交換する場が市場だからです。市場とは顧客が私たちの製品を経験する場であると同時に、ライバルの製品を経験する場でもあります。

この本は経営学やマーケティングの本ではありません。顧客を分析するときの過程である「市場調査-データ収集分析-顧客の特性定義-顧客のプロフィール（ペルソナ）の設定-検証」のなかから⑤に手伝ってもらえる特定の業務だけを取り上げます。

ここからの私たちの最終的な目標は⑤と一緒に顧客が誰なのか理解し、ペルソナを作ることです。⑤と一緒に試してみる課題は次の通りです。

1. 顧客の問題を見つけるアンケートの作成
2. 顧客のペインポイントを探す競合他社のレビュー分析のプロンプト
3. アンケートの結果分析
4. アンケートの結果で顧客のペルソナを設定

# アンケートの質問作り

　Ⓖと一緒に潜在顧客を探るためのアンケートを作ってみます。アンケートの構成はビジネスがどの段階にあるかによって、または事業内容によって大きく異なります。ここでは、仮に製品を1つ設定してアンケートを作ってみます。

　今回の課題は「個人経営カフェ開業ビジネス」の準備です。このために顧客にアンケートを行うつもりですが、アンケートで収集するデータは大きく人口統計データ（Who）、購買動機（Why）、購買行動データ（When, How, What）です。

　顧客のペルソナを作るためのアンケートの作成をⒼに要求する前に、Ⓖにこれについてどの程度の知識があるのか確かめてみます。

顧客ペルソナを設定するために作成するアンケートに、何を入れたらいいか説明してください。

顧客ペルソナを設定するためのアンケートを作成するときは、ターゲット顧客の人口統計、心理統計、行動、要求事項、問題について洞察できるような質問を作ることが重要です。以下は、顧客の性格アンケートを作成する際に検討すべき主な要素の一部です。

1. 人口統計：人口統計学的な質問は年齢、性別、収入、教育、結婚の有無、地理的位置。
2. 心理学的質問：心理的な質問は、ターゲット顧客の価値、態度、性格、関心事、ライフスタイルに関する洞察を提供してくれます。これらの質問には、趣味、好きなテレビ番組、音楽や書籍、政治的見解、さまざまな社会問題に関する意見についての質問が含まれます。

3. 行動：行動の質問はターゲット顧客の習慣、好み、意思決定のプロセス。ショッピングの習慣、メディア消費、ソーシャルメディアの使用に関する質問は、これらがブランドや製品と相互作用する仕方を理解するのに役立ちます。

4. ニーズと苦情：ターゲット顧客の苦情に関する質問ポイント、課題、要求事項は動機付けの要因と製品やサービスがどのように問題を解決するのかを理解するのに役立ちます。

5. カスタマージャーニー：ブランドに対するターゲット顧客の経験に関する質問、製品またはサービスを初めて知った方法、さまざまなオプションを評価する方法、購入決定に影響を与える要因などを含め、ターゲットが明確なマーケティングとコミュニケーション戦略を立てるのにいっそう役立ちます。

回答率を上げるには、アンケートを簡潔でわかりやすく作成することが大切です。調査の目的に応じてインタビューやフォーカスグループなど、調査方法を追加して行い、顧客のペルソナを検証して改善する必要があるかもしれません。

さすがMBA出身だけあって⑤は十分に理解しているようです。
では、すぐにアンケートの作成を要求してみます。

バリスタ1人で個人経営カフェを運営しています。

上記の顧客ペルソナのアンケートの5つの概要を含め、訪問客を対象にアンケートの質問を作成してください。

あなたの年齢は？
あなたの性別は？
職業は何ですか？

あなたの趣味や関心事は何ですか？

好きなコーヒーは何ですか？

当店を訪問する頻度は？

当店を訪れた理由は何ですか？

当店で一番好きなものは何ですか？

当店で一番気に入らないものは何ですか？

他の人に当店を勧めたことがありますか？　あるとしたら誰に、なぜですか？

友人や同僚に当店を勧める可能性はどれだけありますか？

当店を知ったきっかけは？

ライバルのコーヒーショップに行ったことはありますか？もしあったら当店と比べて何があり、どんな点が比較されますか？

当店のプロモーションやイベントのニュースを知るのによく使うコミュニケーション方法は何ですか？

当店でどんなイベントやプロモーションに参加したいと思いますか？

当店へは1人で来ますか、あるいは誰かと一緒に来ますか？

コーヒーショップに行くときはどんな雰囲気が好きですか？

コーヒーショップを選ぶとき、コーヒーの品質はどれぐらい重要ですか？

コーヒーショップを選ぶとき、食事の品質はどれぐらい重要ですか？

コーヒーショップを選ぶとき、コーヒーの値段はどれぐらい重要ですか？

コーヒーショップを選ぶとき、コーヒーショップの位置はどれぐらい重要ですか？

このコーヒーショップに来るときに一番困ることは何ですか？

当店での経験はどうすれば改善できると思いますか？

当店での経験で共有したいと思うようなことが他にありますか？

　⑥が25個の質問を書いてくれました。質問を検討してみると年齢、性別などの一部の質問は、センシティブな情報だともいえます。とりあえず、このまま仮のアンケートを進めてみます。

## 02-2
### 顧客のペインポイントを探すプロンプト

　これから仮想の顧客10人に対して対面式アンケートをしてみます。

　私は⑥に仮想の顧客10人のアンケート結果を生成してほしいと要求しました。紙幅の関係上、1つのアウトプットだけ確認してみます。

Sarah、営業担当者、32歳
好きなコーヒー：カプチーノ
ノートパソコンで仕事をするために1週間に2回コーヒーショップを訪問
コーヒーショップで一番好きなこと：落ち着いた雰囲気
コーヒーショップで一番気に入らないこと：限られた座席スペース
コーヒーの品質とスタッフが親切なため同僚にコーヒーショップを推薦
友人や同僚にコーヒーショップを勧める可能性がとても高い
友人にこのコーヒーショップについて聞いた
ライバルのコーヒーショップに行ったが、このコーヒーショップのコーヒーと雰囲気のほうが気に入っている
プロモーションを知るのによく使うコミュニケーション方法：メール

コーヒーの試飲会やライブミュージックのイベント参加に関心

一般的に1人でコーヒーショップに来る

コーヒーショップに行くときは静かな雰囲気を好む

クオリティコーヒーはとても重要です

食事の品質は多少重要

コーヒーの値段は多少重要

コーヒーショップの位置は多少重要

一番大きな問題はノートパソコンで作業するテーブルを見つけること

もっとたくさん座席スペースを追加すれば、顧客体験を改善することができます。

　一度に10人分の結果がすべて出力されないこともあります。そんなときは「Continue」、または、「継続」と入力すると、続けて結果を出力してくれますし、最近のアップデートで「Continue generating」というボタンをクリックできるようなりました。

　この要領で10人分の仮想顧客アンケートを取りました。この顧客アンケートの質問と10の結果をプロンプト画面に入力します。質問と回答を大括弧［　　］で分けてプロンプトを入力します。

［質問］

あなたの年齢は？

あなたの性別は？

職業は何ですか？

あなたの趣味や関心事は何ですか？

好きなコーヒーは何ですか？

当店を訪問する頻度は？

当店を訪れた理由は何ですか？

当店で一番好きなことは何ですか？

当店で一番気に入らないことは何ですか？
他の人に当店を勧めたことがありますか？　あるとしたら誰に、なぜですか？
友人や同僚に当店を勧める可能性はどれだけありますか？
当店を知ったきっかけは？
ライバルのコーヒーショップに行ったことはありますか？
もしあったら当店と比べて何があり、どんな点が比較されますか？
当店のプロモーションやイベントのニュースを知るのによく使うコミュニケーション方法は何ですか？
当店でどんなイベントやプロモーションに参加したいと思いますか？
当店へは1人で来ますか、あるいは誰かと一緒に来ますか？
コーヒーショップに行くときはどんな雰囲気が好きですか？
コーヒーショップを選ぶとき、コーヒーの品質はどれぐらい重要ですか？
コーヒーショップを選ぶとき、食事の品質はどれぐらい重要ですか？
コーヒーショップを選ぶとき、コーヒーの値段はどれぐらい重要ですか？
コーヒーショップを選ぶとき、コーヒーショップの位置はどれぐらい重要ですか？
このコーヒーショップに来るときに一番困ることは何ですか？
当店での経験はどうすれば改善できると思いますか？
当店での経験で共有したいと思うようなことが他にありますか？

[回答]
Sarah、営業担当者、32歳

好きなコーヒー：カプチーノ
ノートパソコンで仕事をするために1週間に2回コーヒーショップを訪問
コーヒーショップで一番好きなこと：落ち着いた雰囲気
コーヒーショップで一番気に入らないこと：限られた座席スペース
コーヒーの品質とスタッフが親切なため同僚にコーヒーショップを推薦友人や同僚にコーヒーショップを勧める可能性がとても高い
友人にコーヒーショップについて聞いた
ライバルのコーヒーショップに行ったが、このコーヒーショップのコーヒーと雰囲気のほうが気に入っている
プロモーションを知るのによく使うコミュニケーション方法：メール
コーヒーの試飲会やライブミュージックのイベント参加に関心
一般的に1人でコーヒーショップに来る
コーヒーショップに来る時は静かな雰囲気を好む
クオリティコーヒーはとても重要です
食事の品質は多少重要
コーヒーの値段が多少重要
コーヒーショップの位置が多少重要
一番大きな課題はノートパソコンで作業するテーブルを見つけること
もっとたくさん座席スペースを追加し、経験を改善することができます。

 ありがとうございます。この回答はとても役に立ちます。

⑥が理解できたようです。次はこの結果を分析してほしいと要求す

ればいいのです。

# アンケートの結果分析

　前述で©がよく理解できている内容をもう一度思い出しながら、顧客のペルソナ分析を要求してみます。

上記の回答について、下記の基準を参考にしてカテゴリーに分けて顧客を分析してください。
顧客ペルソナを設定するためのアンケートを作成するときは、ターゲット顧客の人口統計、心理統計、行動、要求事項、問題について洞察できるような質問を作ることが重要です。以下は、顧客の性格アンケートを作成する際に検討すべき主な要素の一部です。

1. 人口統計：人口統計学的な質問は年齢、性別、収入、教育、結婚の有無、地理的位置。

2. 心理学的質問：心理的な質問は、ターゲット顧客の価値、態度、性格、関心事、ライフスタイルに関する洞察を提供してくれます。これらの質問には、趣味、好きなテレビ番組、音楽や書籍、政治的見解、さまざまな社会問題に関する意見についての質問が含まれます。

3. 行動：行動の質問はターゲット顧客の習慣、好み、意思決定のプロセス。ショッピングの習慣、メディア消費、ソーシャルメディアの使用に関する質問は、これらがブランドや製品と相互作用する仕方を理解するのに役立ちます。

4. ニーズと苦情：ターゲット顧客の苦情に関する質問ポイント、課題、要求事項は動機付けの要因と製品やサービスがどのように問題を解決するのかを理解するのに役立

ちます。

5. カスタマージャーニー：ブランドに対するターゲット顧
客の経験に関する質問、製品またはサービスを初めて知
った方法、さまざまなオプションを評価する方法、購入
決定に影響を与える要因などを含め、ターゲットが明確
なマーケティングとコミュニケーション戦略を立てるの
にいっそう役立ちます。

回答率を上げるには、アンケートを簡潔でわかりやすく作成
することが大切です。調査の目的に応じてインタビューやフ
ォーカスグループなど、調査方法を追加して行い、顧客のペ
ルソナを検証して改善する必要があるかもしれません。

提供された回答をもとに、示された基準にそって顧客を分類
する方法は次の通りです。

人口統計：
• Sarah、営業担当者、32歳
• Mark、フリーランサー作家、27歳
• James、学生、20歳
• Emily、会計士、35歳
• Michael、ソフトウェア開発者、28歳
• Ava、マーケティングコーディネーター、24歳
• Daniel、グラフィックデザイナー、30歳
• Laura、教師、40歳
• John、アカウントマネージャー、45歳
• Lily、作家、29歳

心理学：

- Sarah：落ち着いた雰囲気を好み、ノートパソコンで仕事をするためにコーヒーショップを訪問します。
- Mark：多様な食事オプションを重視し、顧客に会うためにコーヒーショップを訪問します。
- James：おもしろい雰囲気が好きで、コーヒーショップに来て勉強します。
- Emily：リラックスした雰囲気を求め、友人に会うためにコーヒーショップに来ます。
- Michael：個人会議室が好きで、個人プロジェクトのためにコーヒーショップを訪問します。
- Ava：インテリアとコーヒーショップの美学とノートパソコンで仕事をするために訪問
- Daniel：芸術的な雰囲気の鑑賞、ノートパソコンで仕事をするために訪問
- Laura：静かな雰囲気の追求と休息のために訪問
- John：スピーディーなサービスと勤務中の休憩時間を重視
- Lily：親切なスタッフとノートパソコンで仕事をするための訪問を重視

行動：
- Sarah：ノートパソコンで仕事をするために週に2回訪問
- Mark：顧客に会うために週に1回訪問
- James：勉強するために1日1回訪問
- Emily：友人に会うために週に1回訪問
- Michael：個人プロジェクトのために月に2回訪問
- Ava：週に3回訪問してノートパソコンで仕事
- Daniel：週に2回訪問してノートパソコンで仕事
- Laura：週に1回訪問して本を読みながら休息
- John：勤務中の休憩時間に1日2回訪問
- Lily：ノートパソコンで仕事をするために週に2回訪問

ニーズと苦情：

- Sarah：ノートパソコンで仕事ができる静かで生産的なスペースが必要です。
- Mark：顧客のために多様な食事のオプションが必要です。
- James：勉強ができる楽しく刺激的な環境が必要です。
- Emily：友人に会える快適な雰囲気が必要です。
- Michael：個人プロジェクトのための個人会議室が必要です。
- Ava：視覚的に魅力的でInstagramに投稿できる環境が必要です。ノートパソコンで仕事
- Daniel：ノートパソコンで仕事をしようとするなら、芸術的で創造的な雰囲気が必要
- Laura：リラックスして本が読める静かな雰囲気が必要
- John：仕事中の休憩時間のための迅速で効率的なサービスが必要
- Lily：ノートパソコンで仕事ができる親切なスタッフと快適な環境が必要

カスタマージャーニー：

- Sarah：友人にコーヒーショップについて聞きました。
- Mark：ソーシャルメディアでコーヒーショップについて聞きました。
- James：ソーシャルメディアでコーヒーショップについて聞きました。
- Emily：オンラインのレビューでコーヒーショップについて聞きました
- Michael：オンライン検索でコーヒーショップについて聞きました。
- Ava：友人にコーヒーショップについて聞きました。
- Daniel：オンライン検索でコーヒーショップについて聞き

ました。
- Laura：友人にコーヒーショップについて聞きました。
- John：友人にコーヒーショップについて聞きました。
- Lily：友人にコーヒーショップについて聞きました。

　全般的にこのような顧客は行動、要求事項および問題点にそって分類できます。こうしたさまざまな顧客ペルソナを理解することで、コーヒーショップは、目標とする顧客のニーズをよりいっそう満たすためにマーケティングとコミュニケーション戦略を調整できます。また、製品、サービス、全般的な顧客体験から改善が必要な領域を把握できます。

　Ⓖの分析結果についてどう思いますか？　顧客の分析過程のゴールに向かってさらに続けてみます。

02-4 ────────────────────────────

## 分析にそって顧客ペルソナを設定

最終目標である顧客ペルソナを定義してほしいとⒼに要求してみます。

上記を参考にして個人経営のバリスタカフェの顧客ペルソナを定義してください。

提供された回答をもとに個人経営バリスタカフェの顧客ペルソナはコーヒーショップでの経験のさまざまな側面を優先する多様な個人グループであるかもしれません。しかし、次の通り、共通する特性と好みがいくつかあります。顧客は次のなかに含まれるかもしれません。

人口統計：

- 年齢：20〜40代
- 職業：学生、フリーランサー、事務職など多様
- 訪問頻度：1日に2回から1週間に1回

心理学：

- 雰囲気に感謝：顧客は静かで快適なものから活気に満ちた楽しいものまで、特定の雰囲気を重視します。
- 座席スペースの重要性：広い座席スペースを好む顧客もいて、プライベートな会議室を優先する顧客もいます。
- イベントおよびワークショップへの関心：顧客はワークショップ、美術展示会、ブッククラブ、詩の朗読会、音楽イベントに参加することに興味があるかもしれません。
- クオリティコーヒーの価値：ほとんどの顧客は、クオリティコーヒーを非常に重視し、自家製のスペシャルティコーヒーを好みます。
- 趣味や関心事に集中：一部の顧客はソーシャルメディア、写真、執筆、デザインに興味があり、インスタグラムに投稿するのに最適なインテリアを求めます。

行動：

- 訪問目的：顧客は仕事、勉強、休息、親睦、コーヒーを飲むためにカフェを訪問します。
- よく使うコミュニケーション方法：顧客はプロモーションやイベントに関する情報を得る方法についてさまざまな好みがあり、メールとソーシャルメディアが最も一般的です。
- 駐車と座席の可用性：顧客はとくに忙しい時間には、駐車場やノートパソコンで仕事ができるテーブルを見つけることが難しい場合があります。

ニーズと問題点：

- コーヒーの品質とフード：顧客は高品質のコーヒーや食事を期待し、ヘルシーなオプションのあるさまざまなメニューを好む顧客もいます。
- 利便性と効率性：顧客はスピーディーな対応を重視します。カフェの位置、職場との近さにメリットを感じることがあります。
- 快適さと便利さ：顧客は快適な座席オプション、電気コンセントの利用、静かな作業環境を望むことがあります。

全般的に個人経営バリスタカフェの顧客ペルソナは、高品質のコーヒーと特定の雰囲気を優先し、イベントやワークショップに参加することに興味がある個人の可能性が高いです。顧客は座席と駐車の可用性に関する問題に直面することもあり、利便性と効率を重視します。

　顧客ペルソナの設定が完了しました。実際の業務ではこのようにテキストでまとめたペルソナをイメージ化していくつかのチームと共有したりもします。私もMidjourneyでイメージ化できるようにプロンプトを要求してみたところ、ⒼはすぐにMidjourneyに入れるプロンプトを生成してくれました。次のイメージがそのプロンプトをMidjourneyに入力した結果です。

ChatGPTが提供したプロンプトでMidjourneyを使って生成した個人経営バリスタカフェの顧客ペルソナのイメージ。

　Ⓖに手伝ってもらって個人経営バリスタカフェのペルソナが見事にできました！　状況の設定やアンケートの質問、回答まですべて仮想のものですが、実務でどのようにすればⒼを顧客分析に使えるのか、アイデアを見つけられたと思います。

　実務では段階ごとに人が介入することになります。回答の事実確認、問題になる可能性がある質問内容のチェック、回答の一貫性などを確認すれば、より明確に製品の顧客ペルソナを定義できるでしょう。

# ChatGPTと
# ビジネス文書作成

Business Writing with ChatGPT

DAY4 では、実務で最もよく使うビジネス文書のプロンプトについて
まとめてみます。

　ビジネス文書には、報告書、稟議書、提案書など、定形化されている
ものと、コピーライティングのような広告やランディングページで使う
クリエイティブなものがあります。

　最近は、不要な反復業務を減らすという理由で文書形式をなくす企業
も増えてはいますが、依然として定形化された文書形式を好む企業も多
く見られます。

　ここでは、いいビジネス文書の書き方やどのようにビジネス文書を作
成すればいいのかを学ぶのではなく、それぞれ目的と必須項目に合わせ
てどのように Ⓖ を使うかについて集中して取り上げます。

　まず、定形化された文書形式を使うときに Ⓖ をどうやって扱えばい
いのかを見てから、Ⓖ と一緒に興味深いコピーライティングの世界へ
移ってみようと思います。

# 報告書作成のための
# プロンプト

ビジネス文書にはだいたい形式があります。一般的には、最初に重要な内容を要約する「頭括式」で書きます。そして、本文が続き、最後に結論を書きます。

## 01-1

### 社内報告書を書く

最も一般的な報告書の構造は「表題」「要旨」「本文」「意見や提案」という形で成り立っています。簡単な社内報告書ならこうした形式だけで十分でしょう。簡単な社内報告書を書くときのプロセスをまず見てみましょう。

1. 報告書の形式の定義
2. 報告書に書く内容の要旨のまとめ
3. 1番と2番でプロンプトを構成
4. 結果を確認してから修正を要求
5. 最終のアウトプットを出力

上記のプロセスで1と2は直接やらなければならないことです。3から5までは⑥と協力してできる内容です。仮の製品と状況を想定し、報告書の作成を始めてみます。

- 報告内容：ロティボットの試作品のテスト中にロティボットが直接作ったバゲットを持って話そうとするエラーが見つかった。デパートのフードコートへの納期に合わせるためには、プログラムを修正

して改善する時間がない。バゲットメニューを除いて納品するつもりである。

今日は「ロティボット」というロボットが運営する24時間無人ベーカリープロジェクトの進行状況を会社の代表に報告しなければなりません。ロティボットに関するプロジェクトの説明は事前に⑤と一緒に作成しました。

ロティボットは無人ロボットベーカリープロジェクトです。このプロジェクトはロボット技術とベーカリー産業を融合させ、無人ロボットを使って自動化されたベーカリーの製造および販売システムを具現化することを目的としています。
ロティボットは自社開発した人工知能技術を利用してベーカリーの製造過程の生産性を向上させ、製品の品質を維持できるようにします。ロティボットは材料を自動的に選別し、パンの生地をこねて焼き、包装と販売までの全過程を自動化して人手を減らし、作業の効率を高めます。
ロティボットは顧客が便利に購入できるようにオンライン注文と決済のシステムを備え、自動的に包装して製品の鮮度を維持します。さらに、ロティボットは製品の在庫と販売履歴を自動的に管理し、売上と在庫管理を最適化します。
ロティボットは消費者に新鮮で迅速なサービスを提供するとともに、ベーカリー産業の生産性を向上させ、コストを削減できるようにします。これを通じて新しいビジネスモデルを具現化し、ベーカリー産業を革新的に変えることが目標です。

報告書の形式
作成者／日付：ロティボットチーム、20XX年X月X日
宛名：株式会社ロティボットCEO

問題点：
解決案：
提案および要求事項

報告内容の要旨：ロティボットの試作品のテスト中にロティ
ボットが直接作ったバゲットを持って話そうとするエラーが
見つかりました。デパートのフードコートへの納期に合わせ
るためには、プログラムを修正して改善する時間がありませ
ん。バゲットメニューを除いて納品するつもりです。一時的
にメニューの修正をするようCEOに許可を求めます。上記
の内容を報告書の様式に合わせて報告書を書いてください。
アウトプットは計1000字を超えないようにしてください。
重要な情報だけ記入してください。強めのトーンで書いてく
ださい。

ロティボットチームの報告／20XX年X月X日
To: ロティボットCEO

問題：
試作品の製作中にテストをした結果、ロティボットはバゲッ
トを持って話そうとしました。
配達日前にプログラムを修正する時間がありません。

ソリューション：
問題が起きないように臨時でメニューを修正

提案／要請：
メニューを臨時で修正する権限を要請
配送後にプログラムを修正する時間の追加

最後にご迷惑をおかけした点をお詫びし、ロティボットに問題が起きないよう一時的にメニューの修正をお願い申し上げます。この問題につきまして貴殿のご理解とご支援にお礼申し上げます。

この文書は内部文書であり、適切な承認なしにロティボットチームの外部に共有することはしないでください。

　報告書を出力してみました。コンテクストと単語がやや不自然ですが、比較的きちんとした文書が作成できました。

　報告書を受け取ったCEOは渋々メニューの変更を承諾しました。

## 01-2

# 社外にメールを送信する

　次にすることはデパート側にメニューの変更についての案内とそれに対する同意を求めるメールを書くことです。メール作成も⑥に手伝ってもらいます。

CEOが承認してくれました。未来デパートに了解を求めるメールを書きます。メニューからバゲットを一時的に外す理由を伝えそれに対する同意を要請します。メールはカジュアルな口語体で書いてください。本文の最初と最後に不必要なあいさつ文は入れないでください。メールの形式は次の通りです。

メールの宛先：未来デパート　フードコートの担当者
タイトル
内容
要求事項：メニューの変更に同意するという内容で返信をお願いする

メールの宛先：未来デパート　フードコートの担当者
タイトル：ロティボットのメニューからバゲットを一時的に削除

こんにちは
ロティボットプロジェクトで急ぎのお知らせです。
テスト中にロボットがバゲットを持って話すことが見つかりました。残念ながら配送予定日前にプログラムを修正する十分な時間がありません。
そのため、この問題を解決するまでメニューからバゲットを一時的に削除するつもりです。これによりご迷惑をおかけして申し訳ありません。しかし、完璧な製品を提供することが私たちにとって重要であることをご理解願います。
この一時的なメニューの変更についてご了承いただけるのであれば、当社へお知らせいただけますか？　また、これに関する質問や懸念事項がありましたら、お知らせください。
お時間を頂きましてお礼を申し上げます。ご返信をお待ちしております。
ありがとうございます。
[Your Name]
要求事項：メニュー変更に同意するという内容で返信をお願いいたします。

　上記の文章に手を入れ、自分の名前と受信者のメールアドレスを入れて、デパートに送信しました。

　⑥に会社の内部報告書の形式と簡略な内容さえ書けば、このようにきちんと使える外部向けの報告書とメールまで作成してくれます。

　ここで必要な内容は、ビジネス文書を作成するときにどのようにアプローチすればいいのかということです。プロンプトの基本構造を思い出しながらもう一度まとめてみます。

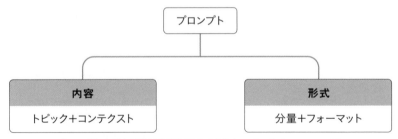

プロンプトの基本構造は内容と形式で成り立っている（29ページ図再掲）。

　プロンプトには要求する文の内容と形式を入れて書かなければなりません。

- 内容＝トピック（問題点、解決案）＋コンテクスト
- 形式＝報告書の構成要素＋文章の長さ

　ひょっとしたらこう思うかもしれません。「こうして⑤にやらせて修正するのに手間がかかるぐらいなら、むしろ自分で書いたほうがいいのではないか」と。

　そうです。たった1回だけで終わるような業務なら人が直接やったほうが楽です。しかし、定形化され、繰り返し業務で使うようなビジネス文書ならプロンプトのテンプレートを作って使うほうが効率的だともいえます。すべき業務が反復作業なのかどうかを判断して⑤を活用するかどうかを決めればいいのです。

# コピーライティングのための
# プロンプト

> 今度は⑥と一緒にコピーライティングをしてみます。ひょっとしたら「人工知能が情報を整理するのは十分に理解できるが、クリエイティブなコピーが書けるのだろうか？」と疑問に思うかもしれません。しかし、コピーは説明する対象と目的が具体的で、かつ、ビジネスにおいて欠かせない文です。⑥が解決できないはずがありません。

⑥にコピーライティングを要求するためには、「コピー」についてまず知っておく必要があります。

コピーライティングは、「企業が潜在顧客を特定の行動に駆り立てるために、テキストコンテンツを作ること」を指します。こうして作られたテキストコンテンツを「コピー」といいます。

コピーは、製品、サービス、アイデアやブランドを宣伝するマーケティングコミュニケーションの核心的なメッセージになります。コピーをもとにテレビ・新聞・雑誌・オンライン広告、ウェブサイト・メールマーケティング、ソーシャルメディアへの投稿、会社紹介や提案書など、さまざまな媒体でコンテンツが作成されます。

プロのコピーライターは、潜在顧客が共感する言葉で説得力のあるメッセージを書きます。

ここでは、購買へ行動喚起させるオンライン広告のコピーを⑥と一緒に作ってみましょう。オンライン広告のコピーはヘッドライン、サブタイトル、ボディコピー、CTA（クリックしたくなる行動喚起フレーズ）で構成されます。⑥にこの基本構造にそったコピーを要求してみます。

コピーを要求するために新規に製品・サービスを想定してみます。

DAY 4

- ベーカリーカフェ・リン
  - テーマ：ビーガンペストリーおよびスペシャルティコーヒーを広報するオンライン広告
  - 使用目的：オンライン広告、会社のウェブサイトとソーシャルメディアチャンネルで使う予定
  - 会社のブランディングとメッセージを生き生きとした、人を惹きつけるようなコピーに反映させる
  - 到達目標：目標は高品質のビーガンペストリーとスペシャルティコーヒーが好きで健康を気遣う顧客が来るようにすること

1. タイトル：ベーカリーカフェ・リンのビーガンペストリーのスペシャルティコーヒーで目を覚まそう
   サブタイトル：一日のスタートはおいしく、栄養のあるオプションで。
   Body copy：一日を始めるのに健康で満足できる方法をお探しですか？　ベーカリーカフェ・リンへお越しください！　リンのビーガンペストリーとスペシャルティコーヒーは最高品質の材料で作られ、元気よく一日を始める準備ができた気分にさせてくれます。さっそくリンへ来て、その違いを感じてみてください！
   CTA：健康でおいしい一日を始めたいなら、リンへぜひお越しください！
2. タイトル：ビーガンペストリーとスペシャルティコーヒーで食欲アップ！
   サブタイトル：罪悪感なしに楽しんで！
   Body copy：ベーカリーカフェ・リンはヘルシーな食事もおいしくなければと考えています。そのために私たちは最も舌の肥えたお客様も満足できるビーガンペストリーとスペシャルティコーヒーラインを用意しました。今日はここで寛大で罪悪感のない何かをお楽しみください！

オンライン広告で使うコピーの結果が出ました。英文はセンスのあるコピーでうまく書いてくれたのですが、日本語は多少不自然な翻訳になりました。コピーは単語や語尾1つで言葉の意味合いを活かしたりダメにしたりするため、日本語の結果を使うときは担当者がもう一度手を加える必要がありそうです。

今度は、より説得力のあるコピーになるようにするために、プロンプトを少し修正してみます。1番のコピーにキレと独創性を加えるように要求してみます。

前述の1のコピーにキレを与え、表現に独創性を加えてもう一度作成してください。

タイトル：完璧な一日のスタートのためにビーガンペストリーとスペシャルティコーヒーをお見逃しなく！
サブタイトル：一日を元気にするおいしくて栄養価の高いオ

プション
Body copy：一日を征服するのに欠かせないエネルギーが不十分で単調な朝食オプションにうんざりですか？　ベーカリーカフェ・リンに来てください！　リンのビーガンペストリーとスペシャルティコーヒーは最高品質の材料で作られており、エネルギーを補ってくれて、どんな一日でも元気に過ごせるような気になります。ためらわないでください。一日の完璧なスタートはまさにリンへ来ることです！
CTA：もうこれ以上待たずに今日こそヘルシーでおいしい一日のスタートをリンで始めましょう！

　どうですか。独創性とキレが感じられますか？　最初のコピーの単調さはやや減ったような感じがします。

　料理に香辛料を上手に使うと風味が数倍も上がるように、文にもトーンや特徴を加えるとセンスのいいコピーへと生まれ変わります。自分が求めていることをプロンプトに付け加えてみてください。Ⓖが驚くようなコピーを書いてくれるかもしれません。

# ソーシャルメディアコンテンツのためのプロンプト

最近、ビジネスに関する情報をソーシャルメディアに投稿する場面も多いでしょう。急速に変化するトレンド、あっという間に顧客のニーズは目まぐるしく移り変わります。Ⓖに手伝ってもらうことができたら、毎日のソーシャルメディアコンテンツ作成がはるかに楽になるのではないでしょうか？

## 03-1

### ChatGPT、ソーシャルメディアのコピーをお願い

Ⓖと一緒にソーシャルメディアの投稿で使うコピーを書くために、今度は自動車を例に使ってみます。

- 自動車
  - トピック：最先端の安全機能を備えた新しいハイブリッド MotoGPT SUV
  - コンテクスト：ソーシャルメディアのポスティングで使うコピーライティング
  - 結果：目標はハイブリッド MotoGPT SUV の新モデルに対する関心を高め、現地の代理店で試乗に誘導すること
  - シーズン：5月（家族の月）

上記の内容を考慮し、インスタグラム、ティックトック、フェイスブック、ユーチューブのタイトルを作成してみます。

自動車：
トピック：最先端の安全機能を備えた新しいハイブリッド MotoGPT SUV
コンテクスト：ソーシャルメディアに掲載するコピーライティング
目標：目標は新しい MotoGPT ハイブリッド SUV に対する関心を高め、現地の代理店で試乗に誘導すること
時期：5月（家庭の月）
上記の事項を考慮し、インスタグラム、ティックトック、フェイスブック、ユーチューブの動画のタイトルを作成してください。

Instagram：「ニューハイブリッド MotoGPT SUV で家族と共に冒険を楽しみましょう！ #FamilyMonth #HybridSUV #SafetyFeatures」

TikTok：「ニューハイブリッド車で家族のドライブ旅行をさらにアップグレード！　MotoGPT SUV!　#FamilyMonth #HybridSUV #AdvancedSafety」

Facebook：「みんなの新しいハイブリッド MotoGPT SUV を紹介します - 家族の月の冒険にぴったりです！ #FamilyMonth #HybridSUV #AdvancedSafetyFeatures」

YouTube：「ハイグレードな安全機能を備えた新しいハイブリッド MotoGPT の究極のファミリーSUV との出会い！ #FamilyMonth #HybridSUV #SafetyFirst」

　結果を見るとどこか物足りません。もう少しクリエイティブで「Fun」に書いてほしいと要求してみます。

もう少しクリエイティブでFunなコピーを書いてください。

Instagram：「みんなの新しいハイブリッド MotoGPT SUV と一緒にシートベルトをしめて、人生のライディングの準備をしましょう！ 安全と楽しさがこんなにスタイリッシュなことはありません。#FamilyMonth #HybridSUV #SafetyFeatures #RevYourEngines」

TikTok：「新しいハイブリッド MotoGPT SUV で家族の冒険がさらにエキサイティングに！ 退屈なドライブ旅行に別れを告げ、ハイグレードな安全機能で楽しい思い出作りを。#FamilyMonth #HybridSUV #FunTimesAhead」

Facebook：「新しいハイブリッド MotoGPT SUV で家族旅行をさらにアップグレードする準備を！ ハイグレードな安全機能と洗練されたデザインが道路で注目の的に。#FamilyMonth #HybridSUV #AdventureAwaits」

YouTube：「実用性と楽しさをすべて兼ね備えたファミリーカーの SUV をお探しですか？ 新しいハイブリッド MotoGPT SUV さえあれば十分です！ 最先端の安全性とデザインで、道路でスリルあふれる経験ができます。#FamilyMonth #HybridSUV #SafetyFirst #RevYourEngines」

最初よりは、結果がだいぶよくなりました。この程度なら少し手を加えれば使うことができそうです。

Ⓖと一緒にコピーライティングをする方法について見てみました。説明するために仮の製品を想定して、最小限のコンテキストだけ提供し、代表的なSNSをいくつか選択してプロンプトを書きました。実務では

もっと多様な媒体ともっと具体的なコンテクスト情報をプロンプトに入れて使ってみてください。ここの例よりももっといい結果が出てくるでしょう。

# ChatGPT、ブログの投稿をお願い

　企業のブログは目的がはっきりしています。ブログを通じて顧客とコミュニケーションをとり、ブランドを宣伝し、カスタマージャーニーの次の段階へと駆り立てることです。

　今度はⒼにトピックを与え、検索エンジンの上位に表示されるようなブログの文を書いてほしいと要求してみましょう。

　ビジネスブログの文章では、2つの目的を達成する必要があります。

　1つの目的は、「検索エンジンを通じた顧客の流入」です。自社のブログが検索エンジンとマッチしてこそ検索結果で上位にランキングされます。検索エンジンの最適化（SEO）に影響を与える要因はいくつかありますが、Ⓖに手伝ってもらえるのは、ブログ内のコンテンツを検索エンジンのアルゴリズムに適するような形に書くことです。

　もう1つの目的は、「顧客行動の誘導」です。ビジネスが目的のブログでは、製品やサービスを宣伝し、その結果として販売まで誘導しなければなりません。つまり、ブログの内容を通じて、顧客を特定行動に導く必要があります。たとえば、メールアドレスを残させたり、ホームページへ来させたりして、より多くのコンテンツを消費するようにさせる場合もあり、購買ボタンを押してもらい、購買ページへつなげていく、といったことです。

　幸いにもⒼは、私たちが十分な情報さえ与えれば購買行動へ誘導する立派な文を書いてくれます。

　顧客の行動を誘導するブログの文を書くためには、Ⓖに自社の製品やサービスを説明することが欠かせません。いくら数百万個の製品とサ

ービスのデータを学習した人工知能といえども、私が何を販売するのか、何も教えずにぴたりと当てることはできません。

Ⓖにブログの文をうまく書かせるようにする方法は2つあります。

1つは、前述で紹介した「マルチターン方式」（52ページ参照）です。
　この方法の長所は、Ⓖが自社の製品やサービスについて十分に理解しているために、こちらの意図に合った結果を生成してくれる可能性が高いということです。短所は何度も対話をしなければならないため、時間がかかるということです。
　もう1つの方法は、1つのプロンプトに自社のサービスについての説明と文の生成プロンプトをすべて入れる「シングルターン方式」です。
　この方法の長所は事前にテンプレートを作っておき、「コピー＆ペースト」する方法なので、すばやく書けることです。短所はⒼが自社の製品やサービスをしっかり理解できていない場合、おかしな回答を出してくることがあることです。

　そこで、私は2つの方法を併用してみます。最初にブログの文を書くときにはマルチターン方式を使い、アウトプットに満足できた場合、その対話で使った内容を1つのパラグラフにしてテンプレートとして保存しておきます。次にブログの文を書くときにそのテンプレートを開き、必要な部分だけを最小限修正し、プロンプトを書くと便利になります。

## 実践プロンプト1
　では、直接作成してみましょうか？　下記はブログの文を要求するプロンプトを書く前にすべきことです。

- ブログの文のテーマを決めます。
- この文を読んでほしい顧客を決めます。
- この文を読んだ顧客にどんな行動をしてほしいのか決めます。

- 最終的なアウトプットを予想してみます。そして、その結果を導き出すために必要な内容をプロンプトに入れます。

さっそく実際のプロンプトの使い方とそのアウトプットを見てみましょう。最初はマルチターン方式です。

製品の説明を見て、次のことを覚えておいてください。
[製品名] ピュアベベオーガニックミルク
[ターゲット顧客] 乳幼児を持つ母親
[商品説明] 2歳未満の乳幼児用の新鮮な有機牛乳を毎日家の前まで配達します。
[キーワード] オーガニック、有機農、赤ちゃん、牛乳、健康、無公害

はい。[製品名] ピュアベベオーガニックミルク。商品の説明とターゲット顧客について覚えておきます。ターゲット顧客は乳幼児を持つ母親で、毎日顧客の家に配達される2歳未満の乳幼児用の新鮮な有機牛乳だと説明しています。製品と関連のあるキーワードは、オーガニック、有機農、赤ちゃん、牛乳、健康、無公害です。

Ⓖに自社製品について説明し、覚えてほしいと伝えると、よく理解したと、自分が理解した内容を要約して説明してくれます。それではこの製品についてブログを書いてほしいと要求してみます。

上記の製品のブログ投稿文を作成し、クリックを促す興味深いブログのタイトルを作成してください。文の長さは約1000語で、専門的で信頼性のあるトーンで作成してください。記事全体に必要なだけ [キーワード] を使用するようにしてください。記事の最後で顧客が www.calltoactions.com

　欲しいタイトルの説明、全体的な文のトーン＆マナー、文の長さ、そ
して文を読んだ顧客に望む行動までプロンプトに書き込みました。最終
的な結果は次の通りです。

はい。次は［製品名］ピュアベベオーガニックミルクのサン
プルブログの投稿文です。

タイトル：「ピュアベベオーガニックミルクが赤ちゃんにと
って完璧な選択である理由」
親は、とくに栄養に関して常に赤ちゃんにとって最高のもの
を望みます。環境汚染が進み、有害化学物質が増加するにつ
れて、赤ちゃんのための健康で安全な食品の供給源を探すの
は難しいことかもしれません。ここでは［製品名］ピュアベ
ベオーガニックミルクが必要です。
ピュアベベオーガニックミルクは最も新鮮な有機牛乳で作ら
れ、2歳未満の子ども用に特別に考案されました。この［健
康］で［無公害］なミルクは、お子様に最高の人生の出発を
提供します。「ピュアベベオーガニックミルクで赤ちゃんに
栄養をあげよう！：大切な赤ちゃんに健康をプレゼント」

親として、子どもにとって一番安全でいい食べ物を見つける
ことが最も優先されます。加工食品の増加と環境汚染により、
おいしいだけでなく、有害物質のない食品を選択することが
不可欠です。ピュアベベオーガニックミルクは子どもの人生
で最良の出発を願う母親にとって完璧な選択となります。
ピュアベベオーガニックミルクは、2歳未満の乳幼児用に特
別に製造された新鮮な有機牛乳です。この牛乳は100％純粋

な有機材料で作られており、有害な化学物質、農薬、ホルモンは含まれておりません。牛乳は毎日ドアの前まで配達され、子どもが毎回新鮮でヘルシーな牛乳を飲むことができます。ピュアベベオーガニックミルクの利点はたくさんあります。カルシウム、タンパク質、ビタミンなどの必須栄養素が豊富で、丈夫な骨を作り、成長を助けます。さらに、この有機牛乳には有害な汚染物質が含まれていないため、子どもの健康と福祉を心配する母親にとってすばらしい選択となります。オーガニック食品は通常の食品よりも高価な場合が多いですが、投資価値があります。ピュアベベオーガニックミルクを選択することで、あなたは子どもに可能な限り最高の人生の始まりを提供し、子どもの健康に投資することになります。この牛乳には有害な化学物質、ホルモン、汚染物質がないため、子どもの健康と幸福を心配する母親にとって立派な選択です。

結論として、ピュアベベオーガニックミルクはすばらしい選択になります。子どもに最良の人生の始まりを提供したい母親のためのものでもあります。この新鮮な有機牛乳は100％純粋な有機材料で作られており、有害物質は含まれておりません。毎日ドアの前まで配達され、子どもは毎回新鮮でヘルシーな牛乳を飲むことができます。子どものための安全でヘルシーなおいしい牛乳のオプションをお探しなら、ピュアベベオーガニックミルクは完璧な選択といえます。赤ちゃんの成長と発達を助ける必須栄養素が豊富であるだけでなく、有害な化学物質や添加物も入っていません。

ピュアベベオーガニックミルクが他の乳幼児用牛乳と違うのは［有機農］の性質です。この牛乳は、自然環境のなかで牛が有機飼料で飼育される認定された有機農場で産出されたものです。農薬、抗生物質、ホルモンなどが無添加で、赤ちゃんに［健康］で安全な牛乳を提供します。

ピュアベベオーガニックミルクのもう1つの大きな特徴は、便利な配送サービスです。新鮮な牛乳を毎日ドアの前までお届けするので、牛乳がなくなる心配がありません。これで時間と費用を節約でき、赤ちゃんが可能な限り最高の栄養を摂取していることがわかり、安心できます。

[健康]で便利なだけでなく、ピュアベベオーガニックミルクはリーズナブルです。多くの人々はオーガニック製品が高価だと思いがちですが、ピュアベベはそうではありません。当社は誰もがヘルシーな食べ物に接することができるように最善を尽くしており、お値段も市販の他の乳児用牛乳のブランドに対して競争力があります。

結論として、[製品名]ピュアベベオーガニックミルクは親にとって完璧な選択となります。子どもに人生で最高の出発を願う人。[有機農]、[健康]、便利な配送で多くの母親が赤ちゃんのためにピュアベベを選ぶのは当然です。なぜためらうのですか？ ピュアベベオーガニックミルクで赤ちゃんに必要な栄養を補給してあげてください。CTA：赤ちゃんにできるだけ最高の栄養を供給する準備ができましたか？ ピュアベベオーガニックミルクを今すぐ注文される方は、こちらをクリックしてください。www.calltoactions.com

　要求したものに比べて少し長めのアウトプットになりました。繰り返し書かれた内容もかなりあります。このままでは使えませんが、内容を少し訂正し、分量を減らせばかなりいい文ができそうです。

### 実践プロンプト2

　今度は2つ目の「シングルターン方式」です。一括入力式のプロンプトの構造を使うときは製品名（またはサービス名）、ターゲット顧客、製品の説明、キーワードなど、Ⓖが知らなければならないキーワードをすべて書き入れます。実際に書いたものを見てみましょう。

下記の製品についてブログに書く文を作成し、クリックを促す興味深いブログのタイトルを作成してください。文の長さは1000字程度で、専門的で信頼性のある人のトーンで作成してください。

文全体に［キーワード］を必要なだけ使うようにしてください。文の最後にwww.calltoactions.comへのリンクを顧客がクリックするようなCTAに仕上げてください。

［製品名］ピュアベベオーガニックミルク
［ターゲット顧客］乳幼児を持つ母親
［商品説明］2歳未満の乳幼児用の新鮮な有機牛乳を毎日家の前まで配達します。
［キーワード］オーガニック、有機農、赤ちゃん、牛乳、健康、無公害

「ピュアベベオーガニックミルクで赤ちゃんに栄養をあげよう！：大切な赤ちゃんに健康をプレゼント」

親として、子どもにとって一番安全でいい食べ物を見つけることが最も優先されます。加工食品の増加と環境汚染により、おいしいだけでなく、有害物質のない食品を選択することが不可欠です。ピュアベベオーガニックミルクは、子どもに人生の最良の出発を願う母親にとって完璧な選択となります。ピュアベベオーガニックミルクは、2歳未満の乳幼児用に特別に製造された新鮮な有機牛乳です。この牛乳は100％純粋な有機材料で作られており、有害な化学物質、農薬、ホルモンは含まれておりません。牛乳は毎日ドアの前まで配達され、子どもが毎回新鮮でヘルシーな牛乳を飲むことができます。ピュアベベオーガニックミルクの利点はたくさんあります。

カルシウム、タンパク質、ビタミンのような必須栄養素が豊富で、丈夫な骨を作り、成長を助けます。さらに、この有機牛乳には有害な汚染物質が含まれていないため、子どもの健康と福祉を心配する母親にとってすばらしい選択となります。オーガニック食品は通常の食品よりも高価な場合が多いですが、この牛乳には投資価値があります。ピュアベベオーガニックミルクを選択することで、あなたは子どもに可能な限り最高の人生の始まりを提供し、子どもの健康に投資することになります。この牛乳は有害な化学物質、ホルモン、汚染物質がないため、子どもの健康と幸福を心配する母親にとって立派な選択です。

結論として、ピュアベベオーガニックミルクはすばらしい選択になります。子どもに人生の最良の始まりを提供したい母親のためのものでもあります。この新鮮な有機牛乳は100％純粋な有機材料で作られており、有害物質は含まれておりません。毎日ドアの前まで配達され、子どもは毎回新鮮でヘルシーな牛乳を飲むことができます。子どものための安全でヘルシーなおいしい牛乳のオプションをお探しなら、ピュアベベオーガニックミルクが完璧な選択といえます。

ピュアベベオーガニックミルクの詳細はwww.calltoactions.com

　2つ目のアウトプットは、最初のものとは違うものになりました。同じプロンプトを入力しても結果が毎回少しずつ異なる場合もあります。Ⓖは基本的に一定部分、自由に結果を生成できるように設定されているためです。

　2つのプロンプトの適用方法にはいずれも長所と短所があります。みなさんの状況や、好きな方法にそって2つを併用したり、1つを選んで使ったりすればいいのです。

DAY 4

# ランディングページ作成の
# ためのプロンプト

> ランディングページは、特定の製品、サービス、イベントなどの宣伝のためにデザインされた単一のウェブページのことをいいます。一般的に広告キャンペーンや検索エンジンの検索結果からすぐにアクセスできます。つまり、インターネット上で広告をクリックするとすぐに移動する先のページがランディングページといえます。

　製品を宣伝したり、特定のイベントに潜在顧客を流入させ、転換させたりすることを目的とするランディングページを作成するときに必要なコピーを書いてみましょう。まずコピーが必要なコンテンツのリストをプロントにすることを前提にまとめてみます。

1. タイトル：核心内容を伝える明確で興味をひくタイトル。提供する製品またはサービスの核心的な価値を提案する内容です。20字以内で書いてください。
2. サブタイトル：タイトルに見合った提案内容について追加説明を簡略に示します。30字以内で書いてください。
3. 製品の特徴：提供する製品の機能、利点。潜在顧客の問題を解決する方法についてくわしい情報を書きます。
4. 推薦文：業界のリーダーと実際に使っている取引先の代表の推薦文を書きます。それぞれ30字以内で書いてください。
5. 社会的証明：レビュー、または信頼を高めるのに役立つ満足できた顧客の例を書きます。それぞれ50字以内で書いてください。
6. リード収集フォーム：訪問者が名前、メールアドレス、電話番号などの連絡先を自発的に入力するフォームです。
7. CTA（Call To Action）：顧客の行動を誘導するフレーズ。「メンバー登

録」「今すぐダウンロード」「お問い合わせ」「今すぐ購入する」などになります。

ランディングページの基本コンテンツは、おおまかにこの7つの要素で構成されます。SEOのために追加で必要な要素は除きました。

次に、各要素に欠かせないコピーの条件を書き、プロンプトを入力します。
ここでちょっと気になることがあります。プロンプトにコピーのリストだけ入れたときと、コピーライティングについてくわしい条件を提示したときとでは、結果はどれぐらい違うのでしょうか？　ひょっとしてそんなに差はないのに時間だけ無駄になるのではないでしょうか？　気になったことは試してみなくては気がすみません。
⑥に2種類のプロンプトを提供し、結果を比べてみます。

プロンプト1：製品名＋コピーのリスト
プロンプト2：製品名＋コピーのリスト＋詳細な指示事項

今度コピーを作る製品にリップグロスを想定します。

- ブランド：Neracos
- 製品名：Pink Potato
- 製品カテゴリー：リップグロス
- 製品の特徴：有機サツマイモのでんぷんから抽出された成分で作られた食べられるリップグロス。サツマイモのほのかな甘みが24時間持続するのが特徴だ。
- ランディングページの目的：新製品の発売直後、インスタグラムのフォロワーを対象に30名の体験モニターを募集。

 製品説明

ブランド：Neracos
製品名：Pink Potato
製品カテゴリー：リップグロス
製品の特徴：有機サツマイモのでんぷんから抽出された成分
で作られた食べられるリップグロス。サツマイモのほのかな
甘みが24時間持続するのが特徴だ。
ランディングページの目的：新製品の発売直後、インスタグ
ラムのフォロワーを対象に30名の体験モニターを募集

上記の製品について下記の構造でランディングページのコピ
ーを書いてください。

[タイトル]
[サブタイトル]
[製品の特徴]
[推薦文]
[レビューと例]
[リード収集フォーム]
[CTA（Call-to-action）]

タイトル：スイートな Neracos Pink Potato リップグロス

サブタイトル：食べられるリップグロス！

製品の特徴：
• 有機サツマイモのでんぷんから抽出した成分含有
• サツマイモのほのかな甘みが24時間持続
• 唇に水分と栄養を補給
• なめらかなテクスチャで心地よい使用感

推薦文：
あなたのメーキャップコレクションにNeracosのPink Potato リップグロスを加えれば完璧。優れた保湿力のリップグロスというだけでなく、有機サツマイモのでんぷんから抽出された成分が含まれ、ほのかな甘さが長時間続くスイートな唇に仕上げます。思わずリップをなめたくなるような誘惑に駆られます！

レビューと例：
「このリップグロスが大好きです！　本当にユニークでおいしい。早く違う味を食べてみたいな」- ジェナ、24歳
「食べられるリップグロスというのにちょっとためらったけど、これはすごい！　しっとり感もあって、ほのかにサツマイモの香りがする」- アマンダ、28歳

リード収集フォーム：
体験モニターに参加して、新しいPink Potato リップグロスをいち早く手に入れて使えるチャンス！　新製品の発売直後、インスタグラムのフォロワーをターゲットにした体験モニターを30名だけ募集します。お申込みの方は下記のフォームにご記入ください。

お名前：
メールアドレス：
Instagramのハンドルネーム：

クリック誘導文案：
今すぐスイートなNeracosのPink Potato リップグロスを味わってみてください！

どうですか？
　今度は製品の説明は同じにして、出力するコピーについての説明をくわしく加えてプロンプトを書いてみます。

製品説明
ブランド：Neracos
製品名：Pink Potato
製品カテゴリー：リップグロス
製品の特徴：有機サツマイモのでんぷんから抽出された成分で作られた食べられるリップグロス。サツマイモのほのかな甘みが24時間持続するのが特徴だ。
ランディングページの目的：新製品の発売直後、インスタグラムのフォロワーを対象に30名の体験モニターを募集。

上記の製品について下記の構造でランディングページのコピーを書いてください。

タイトル：核心内容を伝える明確で興味をひくタイトル。提供する製品またはサービスの核心的な価値を提案する内容です。20字以内で書いてください。
サブタイトル：タイトルに見合った提案内容について追加説明を簡略に示します。30字以内で書いてください。

製品の特徴：提供する製品の機能、利点。潜在顧客の問題を解決する方法についてくわしい情報を書きます。
推薦文：ビューティユーチューバー2名の推薦文を書きます。それぞれ30字以内で書いてください。
レビューと例：レビュー3つと信頼を高めるのに役立つ満足できた顧客の例を3つ書きます。それぞれ50字以内で書いてください。

リード収集フォーム：訪問者が名前、メールアドレス、電話番号などの連絡先を自発的に入力するフォームです。
CTA（Call-to-action）：顧客の行動を誘導するフレーズ。「メンバー登録」、「今すぐダウンロード」、「お問い合わせ」、「今すぐ購入する」などになります。

タイトル：サツマイモのリップグロス、Pink Potato！
サブタイトル：有機サツマイモのでんぷんの甘さを味わう

製品の特徴：Pink Potato は有機サツマイモのでんぷんから抽出された成分で作られており、ほのかな甘みが 24 時間持続します。食べられるリップグロスでサツマイモ本来の味を楽しみながら、唇を美しく整えたい顧客に完璧なソリューションを提供します。

推薦文：
- 「Pink Potato はゲームチェンジャーです！ リップグロスを塗って食べられるところがいいです。とてもお勧めです！」- ビューティユーチューバーA。
- 「このリップグロスはきれいだし、味もいい。もうやめられない！」- ビューティユーチューバーB。

レビューと例：
- 「Pink Potato は私のお気に入りのリップグロスです！ 唇に栄養と水分が補われる感じがします。そして、その味はこの世界から抜け出しました」- Sarah D.。
- 「食べられるリップグロスを試すのにためらったけど、Pink Potato は期待以上でした。ほのかな甘みをほめてもらいました！ - Emma T.。
- 「私は昼間に Pink Potato を使うのが好きです。Pink Potato

は唇をしっとりと保ち、ポップカラーをつけるのに完璧な方法です」- Ashley M。

リード収集フォーム：
ニュースレターを購読して、独占取引、新製品などのお知らせを最初にお届けします！

[お名前] [メールアドレス] [電話番号] [メンバー登録ボタン]

CTA：美と味の完璧なハーモニーを今すぐこの Pink Potato でお試しください。ぜひお買い求めください！

2つの結果に、どんな違いがあるでしょうか。私は次のように感じました。

- 文のセンスを見ると、コピーについての説明を具体的に書いていない1番と具体的に書いた2番とではそれほど差はありません。むしろサンプルレビューの場合、1番のほうが若干興味深く書いてあるような気がしました。ジェナさんの「早く違う味を食べてみたいな」という表現が印象的でした。
- 文の構造：予想通り1番よりは2番のほうがよくまとまっています。私が要求した単語数、ユーチューバーとのレビュー2つと一般人のレビュー3つなども要求した通り出てきました。当然の結果です。
- 実験の総評：アウトプットの内容と形式についてガイドラインを特定してプロンプトを使うと、クリエイティブな点においてはそうでない場合と似通っていたり、少し劣っていたりするかもしれません。ただ求めている形式で書いてくれるため、ランディングページのように形式と構成要素が決まっている場合は、ガイドラインを特定したアウトプットを使うと少しは便利になるかもしれません。

次はみなさんの製品で直接実験してみる時間です。これとは少し違う結果が出てくるかもしれません。直接テストをしてみてもっといい結果が出るように自分なりのプロンプトの形式を探してみてください。

# ビジネスメール作成のための
# プロンプト

> 1日にどれだけのメールを読んだり、書いたりしていますか？　メールを何度も書き直すのに多くの時間を使っていませんか？

メールは文を書く業務のなかで最も頻度が高いといえます。報告書を1日に2、3回書くことは稀ですが、メールはそれくらい書くことはよくあることです。

今から⑥に手伝ってもらって、どうすればすばやく効果的にメールを書くことができるか、その方法について見てみましょう。一緒に扱ってみるメールの課題は次の通りです。

1. 英語で海外のバイヤーにコールドメールを送信：まだ一度もやりとりをしたことがない相手に送るメール
2. インフルエンサーに交渉するためのメールを送信

今日の課題で使う製品はまさにこの本、『ChatGPT完全攻略ハンドブック』です。マーケターとしての私の本が出版されましたが、ただ出版社に頼ってばかりではいられません。

海外の出版社、または出版エージェンシーにコールドメールを書き、海外のインフルエンサーに書籍のレビューをお願いするメールを作ってみます。仮の製品ではないので緊張します。⑥、今度は本当の課題です。しっかり手伝ってください！

# 海外のバイヤーにコールドメールを送信

- 英語で海外のバイヤーに韓国の書籍の出版を提案するコールドメール（知らない相手に送るメール）を送信
  - ターゲット：複数の海外出版エージェンシー
  - 目的：韓国で出版された本の海外出版を提案
  - 内容：本について簡略な紹介と内容、提案の理由、してほしい行動の依頼（関心があれば返信をお願いします）
  - メールのトーン：プロフェッショナル

このメールはシングルターン方式では難しそうです。マルチターン方式を念頭に置いて軽く始めてみます。

> 書籍名：ChatGPT 完全攻略ハンドブック
> 著者：ソン・ジュンヨン
> 本の内容の要約：ChatGPT を業務で使うための実用ガイドブック
> 主な内容：
> DAY 1. ChatGPT を業務に投入する準備
> DAY 2. ChatGPT とアイデア作り
> DAY 3. ChatGPT と市場調査
> DAY 4. ChatGPT とビジネス文書作成
> DAY 5. 就活・採用に使えるプロンプト
> DAY 6. 上級ユーザのための ChatGPT 機能拡張ツール
> DAY 7. 実践のためのプロンプト120 + α
>
> アメリカの出版エージェンシーに送る本の提案メールを書いてください。

Subject: Book Proposal - ChatGPT User Guide

Dear [Publisher],

I am writing to propose a book titled "ChatGPT User Guide" authored by Junyong Song. ChatGPT, a large language model trained by OpenAI, is rapidly changing the way businesses interact with their customers. With this guidebook, businesses of all sizes can learn how to utilize ChatGPT in their operations and take advantage of its capabilities.

The ChatGPT User Guide is a practical, easy-to-follow guidebook that is designed to help businesses use ChatGPT effectively. It is broken down into seven sections, each covering a specific aspect of ChatGPT usage.

DAY 1. Preparing for ChatGPT Work

The first day of the guidebook covers the basics of setting up and configuring ChatGPT for business use. This includes understanding the technology, choosing the right platform, and setting up user accounts.

DAY 2. Creating Ideas with ChatGPT

The second day of the guidebook covers how to use ChatGPT to generate ideas for products, services, and marketing campaigns.

DAY 3. ChatGPT and Market Research

The third day of the guidebook covers how to use ChatGPT for market research, including gathering customer feedback, analyzing trends, and identifying gaps in the market.

DAY 4. ChatGPT and Business Writing
The fourth day of the guidebook covers how to use ChatGPT to improve business writing, including creating marketing copy, drafting reports, and composing emails.

DAY 5. Prompts for Employment and Recruitment
The fifth day of the guidebook covers how to use ChatGPT to assist with recruitment and employee training, including writing job descriptions, conducting interviews, and developing training materials.

DAY 6. ChatGPT Power Extension Tools for Advanced Users
The sixth day of the guidebook covers six advanced ChatGPT tools that can be used to extend its capabilities, including integration with other software tools, automation of workflows, and more.

DAY 7. Practical Business Prompts
The seventh day of the guidebook provides practical prompts for businesses to use ChatGPT in real-world situations, such as handling customer inquiries, providing technical support, and more.

The ChatGPT User Guide is an essential resource for businesses that want to leverage the power of ChatGPT. It is written in a clear, concise, and easy-to-follow manner, making it accessible to users of all skill levels.

Junyong Song is a recognized expert in the field of AI and natural language processing. He has over a decade of experience in the industry and has worked on several high-profile AI projects. As the author of this guidebook, he brings a wealth of knowledge and expertise to the topic.

I believe that the ChatGPT User Guide would be a valuable addition to your publishing catalog, and I would be happy to provide additional information or answer any questions you may have. Thank you for your consideration, and I look forward to hearing from you soon.

Sincerely,

　[Your Name]

英文で書いてくれたメールを見ると、必要な要素をすべて含めた構造になっています。驚いたのは、目次のタイトルしか提供していないのに目次の内容を勝手にまとめてくれたことです。しかもその内容も私が書いた本の内容ととても似ているのです。

そして、どこを修正すればいいのかも見えてきました。著者についての説明を想定して加えたこと、そして、もっと残念だったのは説得するのに肝心な「なぜ」この本をその国で出版しなければならないのかについての説明が不十分なことです。

この2つの部分を補ってもう一度要求してみます。

よく書いてくれてありがとう。ただし、下記の情報を付け足してもう一度書いてください。

1. 著者：ソン・ジュンヨンは20年間、デジタルマーケティング業務をしてきました。現在、ChatGPTの韓国語翻訳アプリのPrompt Genieのマーケティングリードであり、韓国最大のChatGPTコミュニティであるChatGPTersの運営者として活動しています。YouTubeチャンネルでプロンプト研究所を運営しています。

2. この本を出版しなければならない理由：現在出版されて

いる多くの本は概論レベルのものばかりです。この本は著者が実際のビジネスで試行錯誤を重ねながら見つけた実用的なプロンプトを紹介しています。したがって、読んですぐにプロンプトを作成して実務に適用できる本で、事業計画、マーケティング、コンテンツの制作者にとくに役立ちます。現在、韓国で販売中です。

Subject: Book Proposal - ChatGPT User Guide

Dear [Publisher],

I am writing to propose a book titled "ChatGPT User Guide" authored by Junyong Song. Junyong Song has been working in digital marketing for 20 years and is currently the marketing lead for Prompt Genie, a ChatGPT Korean translation app. He also operates ChatGPTers, the largest ChatGPT community in Korea, and runs the YouTube Channel Prompt Lab.

The reason for publishing this book is that most of the books currently available on ChatGPT are at the level of introductory texts. This book is unique because it introduces practical prompts that the author discovered through trial and error in real businesses. Therefore, it will be especially helpful for business planners, marketers, and content creators.
The ChatGPT User Guide is a practical, easy-to-follow guidebook that is designed to help businesses use ChatGPT effectively. It is broken down into seven sections, each covering a specific aspect of ChatGPT usage.

DAY 1. Preparing for ChatGPT Work

The first day of the guidebook covers the basics of setting up and configuring ChatGPT for business use. This includes understanding the technology, choosing the right platform, and setting up user accounts.

DAY 2. Creating Ideas with ChatGPT
The second day of the guidebook covers how to use ChatGPT to generate ideas for products, services, and marketing campaigns.

DAY 3. ChatGPT and Market Research
The third day of the guidebook covers how to use ChatGPT for market research, including gathering customer feedback, analyzing trends, and identifying gaps in the market.

DAY 4. ChatGPT and Business Writing
The fourth day of the guidebook covers how to use ChatGPT to improve business writing, including creating marketing copy, drafting reports, and composing emails.

DAY 5. Prompts for Employment and Recruitment
The fifth day of the guidebook covers how to use ChatGPT to assist with recruitment and employee training, including writing job descriptions, conducting interviews, and developing training materials.

DAY 6. ChatGPT Power Extension Tools for Advanced Users
The sixth day of the guidebook covers six advanced ChatGPT tools that can be used to extend its capabilities, including integration with other software tools, automation of

workflows, and more.

DAY 7. Practical Business Prompts
The seventh day of the guidebook provides practical prompts for businesses to use ChatGPT in real-world situations, such as handling customer inquiries, providing technical support, and more.

The ChatGPT User Guide is currently on sale in Korea and has received positive reviews from readers. We believe that it would be a valuable addition to your publishing catalog and would help businesses worldwide to take advantage of ChatGPT's capabilities. Thank you for your consideration, and I look forward to hearing from you soon.
Sincerely,
[Your Name]

　今度はきちんとできたようです。ここでテキストの一部分に手を加え、ファイルを添付してメールを送信してみます。返信が来るかどうかはわかりません。もし返信が来たとしたら、どんな内容なのかとても気になります。アメリカやヨーロッパ、中国にこの本の版権が売れたらどうなるのか、想像しただけでもうれしくなります。

## 05-2
# インフルエンサーへのメールのプロンプト

　製品の宣伝やライブコマースをするために、インフルエンサーとコミュニケーションを図ったことがありますか？　マーケティング業務に携わる方ならインフルエンサーとのコミュニケーションがどれだけ難しいかよくご存じだと思います。とくに英語や中国語など、外国語でコミュ

ニケーションをする場合、メールを1つ送信するのに数時間かかったりします。言語の壁のためだけではありません。文化的な違いに対する理解も必要であり、インフルエンサーの趣向やコミュニケーションのとり方まで考慮しなければならないからです。

　私の仕事も韓国の製品を海外にマーケティングすることがメインであるため、数百人のアジア圏のインフルエンサーと仕事をするなかで、何度もコミュニケーションで問題が起こりました。この文を書いている現在も、マレーシアのビューティインフルエンサーに韓国の化粧品を本人のブランドで製作するコラボレーションの依頼をしている最中です。メッセンジャーを使ったりもしますが、記録することが重要な内容を伝えるときは必ずメールで送ることを原則にしています。

　メールでコミュニケーションをとる場合はメッセンジャーや電話でのコミュニケーションとは異なり、正確な情報を最大限簡潔に伝えることが肝心です。そのためメッセージを正確に伝えるために定形化されたフレームを決めておくといいでしょう。そうすれば必要な内容が漏れることがないため情報交換が滞りなく進み、保存と再確認が必要なときも便利です。情報伝達、コラボレーションの提案、契約、納品など、すべての段階で使える形式があるとより便利です。今日は最も気になるコラボレーションの提案に関するメールを使った例をご紹介します。

　まず私が使うレビューのコラボレーションを提案するフォーマットは次の通りです。

1. あいさつと紹介
2. インフルエンサーのコンテンツについて肯定的な意見
3. 提案する会社および製品の説明
4. インフルエンサーのインスタグラムのフィードに製品の紹介を依頼するコラボレーション提案の要旨
5. コラボレーション提案の詳細情報
　　◦ 製品使用後のレビュー作成のための製品の提供方法
　　◦ レビューのガイドライン

◦ フォロワーが使える割引コードとイベント用の景品の提供
　　◦ 販売時に提供する追加の特典（手数料）
　　◦ フィードの投稿の維持期間
　　◦ 契約条件（金額、代金の支払方法など）
　6. インフルエンサーに決めてほしいアクションを要請（期限、方法）
　7. お礼のあいさつとまとめ

　このようにフォーマットをまとめ、次はターゲットのインフルエンサーについての内容が必要です。仮にインフルエンサーを1人想定してみます。インスタグラムのフォロワーが300万人いるキャサリンというビューティインフルエンサーです。

　そして、⑥に上記のフォーマットに合わせてキャサリンにコラボレーションを提案するメールを作成してほしいと要求してみます。プロンプトの上のほうにはフォーマットに合った基礎情報を入力し、下のほうは「インフルエンサーにコラボレーションを依頼するメールを書いてほしい」というコンテクストで構成します。

　1. あいさつと紹介：コラボカンパニーの Andy Song
　2. インフルエンサーのコンテンツについて肯定的な意見：
　　明るく快活な感じのコンテンツがいい
　3. 提案する会社および製品の説明：ワンダースキンのリップスティックの新ライン
　4. インフルエンサーのインスタグラムのフィードに製品の紹介を依頼するコラボレーション提案の要旨
　5. コラボレーション提案の詳細情報
　　◦ 製品使用後のレビュー作成のための製品の提供方法：直接渡す予定
　　◦ レビューのガイドライン：自由
　　◦ フォロワーが使える割引コードとイベント用の景品の提供：景品は30個

◦ 販売時に提供する追加の特典（手数料）：５パーセントの
　　　コミッション
　　◦ フィードの投稿義務の維持期間：最低３か月
　　◦ 契約条件（金額、代金の支払方法など）：１万ドル、50％前
　　　払いした後、フィードに投稿後１週間以内に残金支払い
6. インフルエンサーに決めてほしいアクションを要請（期限、
　　方法）：３日以内にメールの返信を要求
7. お礼のあいさつとまとめ

　　上記のコラボレーション提案のメールのフォーマットで、
　下記のインフルエンサーにコラボレーションを提案するメー
　ルを書いてください。

　　• キャサリン：インスタグラムのフォロワー数が300万
　　　人にのぼるオーストラリアのビューティインフルエンサ
　　　ー。最近、韓国の化粧品メーカーとコラボレーションを
　　　たくさん行っており、昨年、ソウルのビューティウィー
　　　クでK-beauty広報大使に選ばれたりもしました。フィ
　　　ードを頻繁に投稿することはありませんが、フィードに
　　　対するフォロワーの反応は明るく肯定的です。化粧品に
　　　ついての幅広い知識は際立っています。

Subject: Collaboration offer for featuring Wonderskin's new
lipstick line on your Instagram feed

Dear Catherine,

I hope this email finds you well. My name is Andy Song and
I represent Collabo Company, a company that focuses on

collaboration and promotion for various brands.

I have been following your Instagram page and I am impressed with the bright and cheerful content that you create. Your in- depth knowledge of beauty stands out and I believe that your influence in the beauty industry would be a great fit for our brand.

We are interested in collaborating with you to feature Wonderskin's new lipstick line on your Instagram feed. We believe that your followers would be interested in learning about this new product and we think that your promotion could help us reach a wider audience.

If you're interested in collaborating with us, here are the details of the offer:

We will send you Wonderskin's new lipstick line for you to try and review. The product will be delivered directly to you.
You are free to write a review with your own honest opinion about the product.
We will provide you with 30 unique discount codes for your followers to use, which will give them a 20％ discount on their purchase. We will also provide you with giveaways for events.
We will give you a 5％ commission on each sale made using your discount codes.
We require you to post at least 3 feed posts about the product during the collaboration period.
The contract terms are $10,000 with 50％ advance payment

and the balance payment to be made within 1 week after feed
registration.
If you're interested in this collaboration offer, please let us
know by replying to this email within 3 days. We're excited
about the possibility of working with you and we look forward
to hearing from you soon.

Thank you for your time and consideration. Best regards,
Andy Song
Collabo Company

英文で作成された結果を見ると、手を加えるところがほとんどないほ
どうまく書いてくれました。メールの内容のレビューが終わったら、実
際に送信してみます。

　次は承諾してくれたキャサリンにコラボレーションのプロセスを案内
するメールを書いてみます。

提案を承諾してくれたキャサリンに次の内容でメールを書い
てください。
1. 承諾のお礼のあいさつ
2. プロセスは契約、前払金の入金、製品の引渡し、ポスティ
　 ング、フォロワーのイベント、残金の支払い、コラボ
　 レーション終了
3. 契約書の草案を送るので検討をお願いする

Dear Catherine,

Thank you for accepting our collaboration offer. We are
looking forward to working with you, and we would like to
provide you with the following process to guide you through

the collaboration.

First, please review the attached contract and sign where indicated. Please note that we will require a 50 % advance payment before the collaboration begins, and the remaining balance will be paid within one week of the feed registration.

We will also send you Wonderskin's new lipstick line for you to try and review. Once you have received the product, we kindly request that you write a review on your own opinion about the product.

After the review is complete, please post at least 3 feed posts about the product on your Instagram page. We will provide you with 30 unique discount codes for your followers to use, which will give them a 20 % discount on their purchase. Additionally, we will provide you with giveaways for events. You will receive a 5 % commission on each sale made using your discount codes.

Once the collaboration has ended, we will pay the remaining balance.

We kindly request that you review the draft contract upon receipt and let us know if you have any questions or concerns. We would appreciate it if you could confirm your agreement with the contract and provide your signature as soon as possible.

Thank you for your cooperation, and we look forward to

　今度も前払金の条件の内容で修正しなければならない部分はありますが、それ以外は全般的にうまく書いてくれました。

　どんなメールでも事前にフォーマットを定めてアウトラインをつかんでから⑥に要求すると、かなりいい結果を出してくれます。また、ここでは要求しませんでしたが、メールのトーンや国別に少しずつ異なる英単語まで考慮して書いてほしいと要求すると、もっと立派なメールの草案を受け取ることができます。

　このDAY4では⑥にフォーマットとコンテクストを提供することがどれだけ重要なのかを改めて確認できたと思います。これから情報とトーンがすべて自然なメールでコミュニケーションをすることでインフルエンサーが一緒に仕事をしたいと思うような会社、人になれるように応援します！

# 就活・採用に使える
# プロンプト

Prompts for Employment and
Recruitment

就職活動や転職活動で必要な書類を書くのは、容易なことではありません。自分を客観的に見て、会社の立場から魅力的に見える履歴書や職務経歴書、自己PR書を書く必要がありますが、実際書いてみるとじつに難しいものです。それもあり、キャリアコンサルティングを専門にしている会社やコーチもいるほどです。

　DAY5では、Ⓖをキャリアコンサルタントとして呼んでみようと思います。最初は求職者のコーチとして、次に採用担当者のコーチとしてです。Ⓖが2つの役割を立派に遂行してくれそうだと思いませんか？

# ChatGPTを転職活動の
# コーチにするプロンプト

転職活動で応募書類を提出する前に第三者に見てもらえたら、気が少し楽になるかもしれません。また、面接時の質問を想定して練習してから本番に臨めれば、手に汗を握ることも少し減るでしょう。Ⓖに転職活動すべてを手伝ってもらうことはできませんが、きっとどこかで役に立つ部分があると思います。

## 01-1 ────────────
## 履歴書のフィードバック

転職に必要な書類のなかには学校や会社、推薦者など他人に作成してもらうものもあれば、自分で作成するものもあります。今日、ここで取り上げるのは自分で作成する書類です。会社によって書類の様式は少しずつ異なりますが、たいてい履歴書を提出することになります。仮の応募者の履歴書を1つ次ページに用意しました（これもⒼが作ってくれました）。

まず、大手企業の採用担当者Ⓖに履歴書を見せ、それについてのフィードバックを要求してみます。

DAY 5

あなたは大手企業の採用担当者です。私の履歴書を見て、内定に役立つようなフィードバックをしてください。

| 名前 | Emily Johnson |
|---|---|
| 連絡先 | • 電話：(555) 123 −4567<br>• メール：emilyjohnson@email.com<br>• LinkedIn：linkedin.com/in/emilyjohnson |
| 要約 | 動画制作、グラフィックデザイン、ソーシャルメディア管理の経験を持つクリエイティブで革新的な経歴3年目のコンテンツクリエイター。Adobe Creative Suite、Final Cut Proなど、さまざまなソーシャルメディアプラットフォームに精通しています。魅力的なコンテンツを作成し、強力なオンラインポジションを築くことに意欲的です。 |
| 学歴 | • コミュニケーション学士、XYZ大学、2023年5月卒業予定<br>• 関連課程：ビデオ制作、デジタルデザイン、ソーシャルメディア戦略 |
| 経歴 | • コンテンツクリエイターインターン<br>ABC Company<br>2022年5月〜2022年8月<br>ソーシャルメディア用動画制作支援とグラフィックデザイン<br>ソーシャルメディアアカウントの管理と研究を遂行<br>• ソーシャルメディアインターン<br>DEF Agency<br>2021年9月〜2021年12月<br>ソーシャルメディアの管理と分析支援<br>コンテンツ企画とクリエイティブコラボレーションブレーンストーミング |
| 技術 | • ビデオ制作：撮影、編集、スクリプト作成<br>　グラフィックデザイン：Adobe Creative Suite（Photoshop、Illustrator、InDesign）<br>• ソーシャルメディア管理：ダイレクトマーケティング、スケジューリング、分析<br>• 強力なコミュニケーションとコラボレーション技術 |
| 認証 | • Adobe Certified Associate in Visual：Adobe Photoshop CC 2019を使ったコミュニケーション<br>• HubSpotソーシャルメディアマーケティング認証 |
| 参照 | 必要であればポートフォリオも提出いたします |

結果を見てみましょう。はたしてどんなフィードバックをしてくれたでしょうか？

強み：

• 要約部分はよく書かれており、クリエイティブで革新的な

経歴３年目のコンテンツクリエイターとしての能力がよく表されています。

- 学歴部分が強く、ビデオ制作、デジタルデザイン、ソーシャルメディア戦略に関する過程を経験しました。
- 経歴部分は限定的ですが、ビデオ制作、グラフィックデザイン、ソーシャルメディア管理などに関連する能力を習得しました。
- 技術部分では、Adobe Creative Suite でのグラフィックデザイン、各種ソーシャルメディアプラットフォームを巧みに扱う能力を示しました。
- 認証部分では、Adobe Photoshop CC 2019 を使用したコミュニケーションに関する Adobe Certified Associate と HubSpot のソーシャルメディアマーケティング認証を取得しました。

改善する点：

- インターンの経験をより具体的に書くといいでしょう。とくに完了したプロジェクトや達成した成果などを強調するといいでしょう。
- 作業結果の成果や効果などに言及するといいでしょう。たとえば、参加したプロジェクトで得られたことについての話などがいいでしょう。
- 個人的なプロジェクトやフリーランサーとしての経験を加えると、直接クリエイティブな能力を示すことができます。
- 最後に、最低1人か2人の専門家の推薦状を履歴書に加えるといいでしょう。これは信頼性を高め、他の人と一緒に働ける能力を表します。全体的に履歴書にはいいポイントがたくさんあり、追加作業でより強力にすることができます。就職活動での幸運を祈ります！

フィードバックの内容を見てみましょう。改善する部分についてはたくさんの提案をしてくれました。

たとえば、「具体的な経験を書くといい」「作業結果の成果や効果などに言及する」「インターンだけでなく個人やフリーランサーとしての経験も入れるといい」という指摘はかなり実践的です。

みなさんも準備している履歴書があれば、⑥からフィードバックをもらってみてください。自分をメタ認知して客観視するのに役立つでしょう。

## 01-2

# 面接の準備

次は、エミリーが書類選考を通過して、面接を控えている状況を想定します。この状況で最も気になるのは、面接でどんな質問を聞かれるかでしょう。そこで⑥に想定質問を出してもらいます。

プロンプトに必要なコンテクストとして、「エミリーの履歴書（前項参照）」と「会社の求人広告」の2つを準備します。次の通り、求人広告を想定してみました。

> **K-POP公演専門企業 Candy Pop 求人広告**
>
> グローバル認知度の上昇と売上成長の力となる才能あるグローバルマーケティングマネージャーを採用します。
>
> - マーケティングマネージャー業務：ソーシャルメディア戦略の開発、ダイレクトマーケティング、デジタルマーケティングなど、さまざまな分野でマーケティング業務の遂行
> - Candy Pop のビジョン：ファンのためのメタバース公演とオンラインをもとにした新規事業の拡張
> - 業務内容：音楽および公演関連プロジェクトのマーケティングキ

ャンペーン、ソーシャルメディアを通じたファンとのコミュニケーション、K-POP関連事業の開発など
- 優遇条件：マーケティング、コミュニケーション、または関連分野の学士号の取得者、国内外の大衆文化に対する高い理解度、デジタルマーケティングの主なツールを使いこなす能力など。繊細で丁寧な業務処理能力、K-POPを含む多様なジャンルの音楽が好きで優先順位を効率的に調整できるセルフスターター。
- 応募方法：メールでエントリーシートと履歴書を提出、選考後連絡します。

間もなく対面面接を受けるエミリーは⑥に求人広告を提供し、質問をしました。

あなたは上記の求人広告を出した採用担当者です。最終面接の質問事項を10個書いてください。そして、採用を決定づける最も重要な順に番号を付けて書いてください。

1. 過去に管理して成功したマーケティングキャンペーンの例と、それが収益を上げるのにどのように貢献したかを教えてください。
2. 最新動向とK-POP産業、そして、世界の音楽業界の発展についてどう思いますか？
3. Candy Popがファンとコミュニケーションし、公演を広報するためのソーシャルメディア戦略の開発にどのようにアプローチしますか？
4. 優先順位をどうやって決めますか？　スピード感と躍動感のある職場環境で仕事と責任を管理することができますか？
5. ダイレクトマーケティングの経験とこのようなキャンペーンの効果を測定する方法について説明できますか？
6. グローバルな認知度と拡大の観点からK-POP業界が直面

した最大の課題は何だと思いますか？

7. マーケティング戦略と意思決定プロセスにデータと分析を
   どのように統合させますか？

8. 過去に Google Ads や Facebook Business Manager のよう
   な主なデジタルマーケティングツールやプラットフォーム
   を使ったことがありますか？

9. グローバルマーケティング管理者にとって成功するのに不
   可欠な資質は何だと思いますか？　またこの資質をどのよ
   うに体現しますか？

10. メタバースパフォーマンスのリーダーになり、オンライ
    ン拡張という Candy Pop のビジョンにどのように貢献す
    るつもりですか？　ビジネス提案？

　　実際の面接で聞かれそうな質問になっているでしょうか？　一見よさ
そうですが、まだ応募者の経歴についての質問が足りません。今度は履
歴書をコンテクストとして追加して提供し、予想の質問を出してもらい
ます。

1. ソーシャルメディアプラットフォームで強力なオンライン
   ポジションを構築することに成功した経験について言及し
   てください。

2. 動画制作でどんな経験がありますか？　Final Cut Pro を使
   ったことがありますか？

3. Adobe Creative Suite の多様な機能のなかでどの機能を一
   番よく使いますか？

4. 企画とクリエイティブコラボレーションでどんな方法を使
   いますか？

5. コンテンツ制作に関してモチベーションを維持する方法に
   ついて言及してください。

6. プロジェクトのデッドラインを守るためにどうやって作業

　今度の質問はもう少しエミリーの経歴に関するものに変わりました。これでエミリーはもっと自信を持って最終面接に臨むことができるはずです。Candy Popに必ず合格して好きなK-POPと新しいキャリアを始めることを応援します！

# 採用担当者向けのプロンプト

> チームリーダーとしてメンバーを増やしたり、または人事で採用を
> 担当したりしたことがある人なら、優れた人材が自ら来てくれはし
> ないことをよくご存じだと思います。求職と同様に、採用する過程
> もやはり容易なことではありません。今日は採用のさまざまな過程
> のなかから「求人広告の作成」と「職務経歴書の検討」を、Ⓖに手
> 伝ってもらいましょう。

　求人広告の作成と職務経歴書や履歴書の検討に共通するのは、定形化
された過程と形式があることです。Ⓖができる仕事の特徴と同じです。
　求人広告は小さな会社でも、ある程度形式があります。フォーマット
があったり、求人サイトに掲載した前任者のテンプレートが残っていた
りする場合もあります。
　まずは仮の求人広告を1つ作ってみましょうか？　Ⓖに基本的な情報
だけ渡して求人広告を要求してみました。

人工知能と共存する未来をビジョンとするABC Lab。人工
知能SaaSサービスを開発します。フロントエンド開発者を
採用するための求人広告を書いてください。

会社：ABC Lab
ミッション：企業と個人の潜在能力を最大限に引き出すこと
を可能にする革新的な人工知能SaaSソリューションを作り
ます。
ビジョン：AIのリーダー的提供者になること、倫理的で責任
ある技術の使用を促進するとともに生産性、創造性、意思決
定を向上させる主導型のソフトウェアです。

役職：フロントエンド開発者

1. 職務の説明：
ABC Labでは、チームに加わる有能で経験豊富なフロントエンド開発者を探しています。理想的な候補者は最新のWeb開発技術とベストプラクティスに対する深い理解にもとづき、美しく直感的なユーザインターフェースを作ることに意欲的な人です。フロントエンド開発者として当社の設計および開発チームと緊密に協力して、SaaS製品の魅力的で機能的なユーザエクスペリエンスを生成します。

責任：
- 協力デザイナーと開発者が直感的でレスポンスの優れたユーザインターフェースを具現化
- HTML、CSS、JavaScript、および関連フレームワークを使用したクリーンで効率的でメンテナンス可能なコード作成
- 再利用可能なUIコンポーネントとライブラリの開発と維持管理
- Webアプリケーションのパフォーマンスとアクセシビリティの最適化
- コードレビューに参加し、他の開発者に建設的なフィードバックを提供
- 最新の状態を維持するWebの開発動向とベストプラクティス
- 製品およびプロジェクト管理チームと緊密に協力し、適切なタイミングで製品が提供できるようにする
- シームレスな開発を確実にするために多機能チームと効果的にコミュニケーションをとります。

DAY 5

要件：
- コンピュータサイエンス学士、Web 開発または関連分野
- 3年以上のフロントエンド Web 開発経験
- HTML、CSS、JavaScript、および関連フレームワーク
  （例：React、Angular、Vue.js）
- フロントエンドビルドツール（例：Webpack、Gulp）とバージョン管理システム（例：Git）の使用経験
- Web パフォーマンスの最適化とアクセシビリティに関する理解のベストプラクティス
- 強力なトラブルシューティング技術と複雑な問題をデバッグする能力
- 優れたコミュニケーションとコラボレーション技術

優遇資格：
- レスポンシブとモバイル優先 UI の設計と実装経験
- データビジュアライゼーションとチャートライブラリ（例：D3.js）の使用経験
- バックエンドの知識の Web 開発と RESTful API
- テストフレームワーク（例：Jest、Enzyme）や自動化ツール（例：Selenium）の使用経験

美しく直感的なユーザ生成に意欲がある場合は、インターフェースを提供し、最先端の AI 基盤の製品の作業をご希望の場合は、ご意見をお聞きしたいと思います。careers@abclab.com に履歴書、自己紹介書、ポートフォリオを提出してください。

　結果はすべて Ⓖ が創作したものなので、このままでは求人広告としては出せません。この形式を実際の求人広告のガイドラインにしてテンプレートとして使えばいいのです。

会社のミッション、ビジョンのような実際の情報と求人情報をプロンプトとして入力し、この形式を利用してほしいと依頼すれば、形式は維持され、実際の会社のデータが反映されたアウトプットを得られます。

今度はこの仮の求人広告を利用して採用面接の際に必要な質問を作ってほしいと⑤に要求してみます。

応募者に聞くインタビューの質問を20個作成してください。重要度に応じてA、B、Cに分類し、質問のテーマにそってカテゴリーはハッシュタグで分類してください。テーマカテゴリー、質問、重要度の順に列で整理し、テーブル形式で書いてください。

| カテゴリー | 質問 | 重要度 |
|---|---|---|
| 経験と資格要件 | その分野でどのような経験がありますか？ | A |
| 経験と資格要件 | プロジェクトを成功裏に終えたことがありますか？　説明してください。 | A |
| 経験と資格要件 | 当社が使っているのと同様のツールや技術を使ったことがありますか？ | A |
| 技術的能力 | 特定の技術的問題を解決する方法を説明できますか？ | A |
| 技術的能力 | 検索エンジンを最適化するためにウェブサイトをどのように最適化しますか？ | A |
| 技術的能力 | 特定のツールやフレームワークの使い方を説明できますか？ | A |
| 業務態度 | 多数のプロジェクトや業務がある場合、優先順位をどのように決めますか？ | B |
| 業務態度 | 緊迫感や早い締め切りにはどう対処しますか？ | B |
| 業務態度 | 新しいシステムやプロセスに適応したことがありますか？ | B |
| チームワーク | チームのメンバー間の衝突や意見の食い違いをどのように解決しますか？ | B |
| チームワーク | 非技術関連の利害関係者と効果的にコミュニケーションする方法は何ですか？ | B |
| チームワーク | 他の部署のメンバーとコラボレーションしたことがありますか？ | B |

| | | | |
|---|---|---|---|
| リーダーシップ | プロジェクトでリーダーを務めたことがありますか？ | C |
| リーダーシップ | 主導性を発揮して、改善の提案をする方法は何ですか？ | C |
| リーダーシップ | トラブルシューティングに革新的なアプローチ方法を使った経験がありますか？ | C |
| 個人的な特性 | どのように動機付けして生産性を維持しますか？ | C |
| 個人的な特性 | 失敗やミスにどう対処しますか？ | C |

　すばらしい質問が出てきたようです。カテゴリーの分類と重要度の順に書いてほしいと要求しましたが、重要度はランダムに付けたような気がします。Ⓖもミスをすることがあるようで、どこか人間らしさが感じられますね。

　今度は応募者の職務経歴情報と、会社の求人情報で応募者の長所と短所を分析してみましょう。

　次は仮の応募者数人の職務経歴情報をまとめた表です。会社ごとに評価基準があるでしょうから、このデータ形式は参考までにご覧ください。

| 名前 | 経歴（年） | 使用プログラミング言語 | 前職の勤続年数 | 推薦人の点数 | リーダーシップの点数（10点満点） |
|---|---|---|---|---|---|
| Daniel Kim | 5 | HTML、CSS、JavaScript、React | 3 | 80 | 8 |
| Emily Lee | 3 | HTML、CSS、JavaScript、Angular | 1 | 70 | 6 |
| John Smith | 8 | HTML、CSS、JavaScript、Vue.js | 4 | 95 | 9 |
| Sarah Park | 2 | HTML、CSS、JavaScript、jQuery | 2 | 60 | 5 |
| Michael Chen | 6 | HTML、CSS、JavaScript、Bootstrap | 3 | 85 | 7 |
| Ashley Davis | 4 | HTML、CSS、JavaScript、Node.js | 2 | 75 | 6 |
| Jessica Lee | 1 | HTML、CSS、JavaScript、TypeScript | 0 | 50 | 4 |
| Andrew Lee | 7 | HTML、CSS、JavaScript、Ember.js | 5 | 90 | 9 |
| David Kim | 9 | HTML、CSS、JavaScript、Backbone.js | 6 | 100 | 10 |
| Jennifer Park | 4 | HTML、CSS、JavaScript、Sass | 2 | 65 | 6 |

1番目の応募者、ダニエル・キム（Daniel Kim）の職務経歴書です。もちろんこれも⑥が作ってくれました。

名前：ダニエル・キム

Eメール：danielkim@email.com
電話番号：(555) 555-5555

要約：
私は、美しく直感的なユーザインターフェースの開発に5年間携わった経験豊富なフロントエンド開発者です。HTML、CSS、JavaScript、Reactを活用してユーザエクスペリエンスを向上させる、魅力的で機能的なユーザインターフェースを作成しました。倫理的で責任あるAI技術を活用して製品を開発し、技術が個人や組織の生活の質を向上させるのに貢献できると信じています。

技術：
- HTML、CSS、JavaScript、および関連フレームワーク（例：React）に精通しています。
- フロントエンドビルドツール（例：Webpack、Gulp）とバージョン管理システム（例：Git）を使った経験があります。
- Webパフォーマンスの最適化とアクセシビリティに関する最良の実践方法について理解しています。
- 強力なトラブルシューティング能力と複雑なトラブルシューティング能力があります。
- 優れたコミュニケーションとコラボレーション能力があります。

経歴：
フロントエンド開発者
XYZ会社、サンフランシスコ、CA

(2019年〜現在)

- 会社のSaaS製品のためにデザイナーや開発者とコラボレーションし、魅力的で機能的なユーザインターフェース（UI）を作成します。
- HTML、CSS、JavaScript、Reactを使ってクリーンで効率的でメンテナンス可能なコードを作成します。
- 再利用可能なUIコンポーネントとライブラリを開発して維持管理します。
- 会社のWebアプリケーションのパフォーマンスとアクセシビリティを最適化します。
- コードレビューに参加し、他の開発者に具体的なフィードバックを提供します。
- 最新のWeb開発動向とベストプラクティスを常にアップデートして、これに従います。
- 製品およびプロジェクト管理チームと緊密に協力し、会社の製品を適時にリリースすることに成功しています。
- クロス機能チームとのシームレスな開発プロセスを確実にするために効果的にコミュニケーションをとります。

フロントエンド開発者
ABC Lab、ロサンゼルス、CA
(2017〜2019年)

- HTML、CSS、JavaScript、Angularを使用してユーザフレンドリーなレスポンシブWebサイトを開発しました。
- デザイナーや開発者と緊密に協力し、革新的で魅力的なUIを作成しました。
- バックエンド開発チームとコラボレーションし、フロントエンドコードをサーバーサイドロジックと統合しました。
- コードレビューに参加し、他の開発者にフィードバックを提供しました。

- 最適なパフォーマンスとユーザエクスペリエンスを確実にするために ユーザテストを実施しました。
- Webアプリケーションの機能とパフォーマンスに関する複雑な 問題を解決しました。

教育：
コンピュータサイエンス学士
カリフォルニア大学バークレー校
（2013〜2017年）

資格：
- Udemyで認証されたReact開発者
- freeCodeCampで認証されたWeb開発者

ポートフォリオ：
ご希望の場合、提出可能です。

　Ⓖにダニエル・キムの職務経歴書を提供し、以前作成した求人広告 の条件を考慮して、長所と短所を評価してほしいと要求してみます。

応募者、ダニエル・キムの長所と短所を分析してください。

ダニエル・キムの長所：
1. キャリアと技術的な能力が高い：ダニエル・キムはフロン トエンド開発に5年以上の経歴があり、HTML、CSS、 JavaScript、Reactなどの技術に堪能です。
2. トラブルシューティング能力が優秀：ダニエル・キムは複 雑な問題を解決する能力に優れ、メンテナンスが可能で効 率的なコードの作成に強みがあります。
3. 高いコミュニケーション能力：ダニエル・キムはシームレ

スなコミュニケーションを行う能力を備えています。プロジェクト関連の課題を解決するのにおいて効率的なコミュニケーションが重要な役割を果たします。

ダニエル・キムの短所：
1. 多様なフレームワーク経験の欠如：ダニエル・キムはReactの経験は豊富ですが、他のフレームワークやライブラリの経験が足りないともいえます。
2. 資格中心の教育：ダニエル・キムはWeb開発者の資格はありますが、コンピュータ工学の学位ではなく、資格中心の教育を受けたため、専門的かつ理論的な知識が足りないともいえます。
3. 特定分野の経験不足：ダニエル・キムはバックエンド開発や特定分野での経験がないものと把握されます。こうした経験が必要なプロジェクトに参加する場合、追加の学習と知識の習得が必要になる可能性があります。

Ⓖが応募者の長所と短所をきちんと分析して、ひと目でわかるようにまとめてくれました。これを採用担当者の観点で検証すれば、応募者の職務経歴の分析もずいぶんやりやすくなるでしょう。

これまで採用活動で、どうやってⒼに手伝ってもらえるのかアイデアを探してみました。実際にⒼと共同で行うときは、その都度人が手を加える必要があります。人工知能に採用を完全に任せることはありえません。人を使うときは人に会わなくてならないのです。人は人が一番よく知っているのですから。

# DAY 6

## 上級ユーザのための
## ChatGPT
## 機能拡張ツール

ChatGPT Extension Tools for
Advanced Users

「知っている分だけ見える」

　DAY6では⒢をさらに高度に活用する方法についてお話ししたいと思います。ここでは⒢の入力画面に続いて他のプログラムへ移ったり、他のサービスと連動したりする様子を目にすることができます。Googleドキュメントのように、⒢の機能を拡張することができる外部のサービスを使った例をひと通り見るつもりです。

　そのためこのチャプターは気軽にお読みください。ここで紹介するツールは⒢を使うすべての方のためではないからです。ざっと見て興味を感じたり、必要なサービスが目についたりしたらその部分だけくわしく見て参考にしてください。

# Googleドキュメントで ChatGPTを使用する

Ⓖを使っているうちにふとこう思いました。「どうしてこんなに便利なものをこのサイトで使うしかないのだろう？」と。使えそうな結果が出てもワードやGoogleドキュメントのような他の文書編集ソフトにコピー＆ペーストして仕上げることを繰り返しているうちに少し面倒になったからです。そこで、グーグルで検索すると方法がありました。

「ChatGPT API」と「グーグルアップススクリプト（Google Apps Script）」という拡張機能プログラムを作ればGoogleドキュメントで使えると、グーグルが教えてくれました。

しかし、私は、「API」や「グーグルアップススクリプト」が何なのか、さっぱりわかりませんでした。そこでもう少し調べてみると、私のようなコーディングのコの字も知らない人でも使える方法がありました。

優秀な開発者のみなさんがすでにGoogleドキュメントとⒼを連携させるアプリを作って共有し、誰でも使えるようにしてくれているのです。

一番よく使われるGoogleドキュメントの連携アプリをGoogle Workspace Marketplaceで検索したところ、「GPT for Sheets and Docs」というアプリが見つかりました。

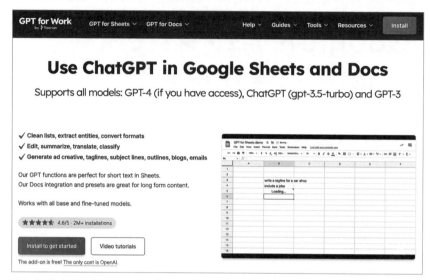

Google Workspace Marketplace で「GPT for Sheets and Docs」をクリックすると表示されるアプリの説明画面。

　GPT for Sheets and Docs は、Google スプレッドシート、Google ドキュメント、Google スライドで⑥を呼び出して使えるようにするアプリです。使い方は簡単です。

　次の順序に従えば、⑥と連携させられます。

## ○1-1
# Googleドキュメントと拡張機能アプリを連携する

1. Google Workspace Marketplace で「GPT for Sheets and Docs」というアプリを検索してインストールします。

2. インストールした後、Google ドキュメントを開くと拡張機能メニューの下に追加されたプログラムが見えます。すでに他の拡張プログラムをいくつかインストールしていると、リストがいくつか出てきます。初めて使う方は今インストールしたアプリが1つだけ見えるでしょう。

3. アプリの名前をクリックすると、「Set API key」というメニューが表れます。これをクリックしてください。

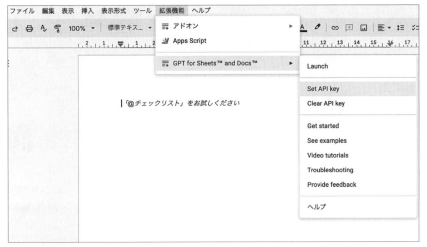

Googleドキュメントを開いて「拡張機能」メニューを見ると、インストールされた拡張機能アプリがリストに表示される。そのなかから「GPT for Sheets and Docs」をクリックするとさらにリストが表示されるので、そのなかの「Set API key」をクリックする。

4. APIを設定するポップアップ画面が表示されます。

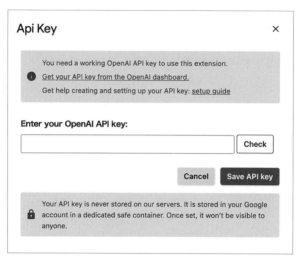

「Set API key」をクリックすると、API設定のポップアップ画面が表示される。

5. 空欄のチャット画面に入れる「APIキー」はOpenAIのサイトで取得します。
6. OpenAIに行きます。インターネットのアドレスバーに「platform.openai.com/playground」と入力して移動します。次のような画面が表れます。

「APIキー」を取得するOpenAIプレイグラウンドページ。右上にユーザIDが見える。

7. 右上にあるIDをマウスでクリックします。次のような画面が表示されたら「View API keys」をクリックします。

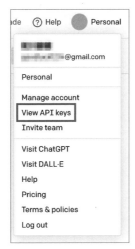

OpenAIプレイグラウンドページでユーザIDをクリックすると、「View API keys」という項目が表示される。

8. 次の画面に変わると、APIキーを生成するボタンが表示されます。

---

## API keys

Your secret API keys are listed below. Please note that we do not display your secret API keys again after you generate them.

Do not share your API key with others, or expose it in the browser or other client-side code. In order to protect the security of your account, OpenAI may also automatically rotate any API key that we've found has leaked publicly.

You currently do not have any API keys. Please create one below.

### Default organization

If you belong to multiple organizations, this setting controls which organization is used by default when making requests with the API keys above.

| Personal ✓ |
|---|

Note: You can also specify which organization to use for each API request. See Authentication to learn more.

---

「View API keys」をクリックすると、APIキーを生成するページに移動する。

9. 「Create new secret key」を押すと、次のように英語のアルファベットと数字でできたAPIキーが発行されます。このキーをコピーして Googleドキュメントに戻ります。

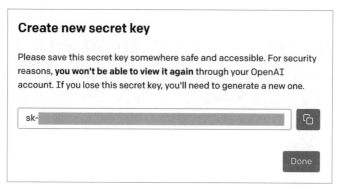

OpenAIで発行されたAPIキーが表示される。

10. 先ほど開いたポップアップ画面に戻って空欄の入力窓に新規に発行
    されたAPIキーを入力し、「Check」ボタンをクリックします。

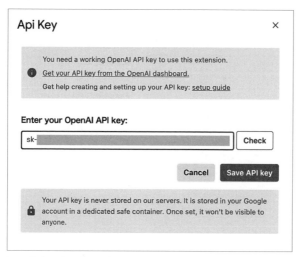

4番で開いたAPI設定のポップアップ画面に戻り、OpenAIで発行されたAPIキーを入力する。

11. 連携が終わりました。

# Google ドキュメントで ChatGPT を活用する

　Google ドキュメントと拡張機能アプリを連携すると、Ⓖを活用する
ためのサイドバーが開きます。このサイドバーにプロンプトを入力すれ
ばいいのです。まずはきちんと動作するか、あいさつを入力してテスト
してみます。

APIキーを入力し、Google ドキュメントで「Launch」をクリックすると、ChatGPT の拡張機能アプ
リを使えるサイドバーを開くことができる。

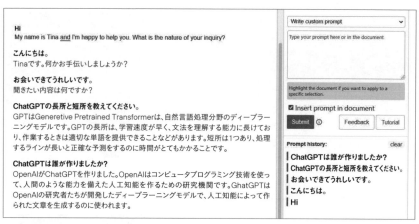

Google ドキュメントと拡張機能アプリを連携すると、Google ドキュメントでそのまま ChatGPT の
プロンプトが入力できる。

　サイドバーに質問を入力すると、ちゃんと回答してくれます。それで
は Google ドキュメントの内容をプロンプトのコンテクストとして提供
してみます。

　最初にトピックになる内容を Google ドキュメントで作成します。ト
ピックは「マーケター向けの ChatGPT セミナー」にします。

　次のイメージのようにテキストをドラッグした状態でサイドバーに要
求する内容を入力してください。トピックをブロックで選択しておいた
のは、サイドバーに入力したプロンプトを読むときに選択した内容も一
緒に読むという事前の約束（プログラミング）になっているためです。

　内容をすべて入力したら「Submit」ボタンをクリックして実行します。
私は前もって書いておいたトピック「マーケター向けの ChatGPT セミ
ナー」の講義のアウトラインを要求しました。こうしておくと講義のア
ウトラインが選択した文書の内容のすぐ下に出力されます。

左画面にトピックを書き、右画面にChatGPTに要求するプロンプトを書き込む。「Submit」ボタンをクリックすると、要求に対する答えが左画面に出力される。

　内容、順序を確認すると、不自然な部分があります。少し手を加える必要はありますが、講義の全体的なアウトラインはできているようです。

　文書を作成しながら、特定の内容を選択しておいて文をさらに拡張していくこともできます。海外ではこうした方法で実用書を書いたり、小説やシナリオを書いたりした例もあります。一度インストールすれば、ずっとGoogleドキュメントですぐに⑥を使うことができます。

# Googleスプレッドシートで ChatGPTを使用する

次は Google スプレッドシートで ⑥ を動かしてみます。すでにインス
トールされているためすぐに使えます。

今度は英語のブログを書くのに ⑥ を活用してみます。「韓国の男性用
化粧品」というブログのキーワードをあらかじめ用意しておきました。

| Keyword Category | Keyword |
|---|---|
| Korean Skin Care | Korean Skin Care for Men |
| Men's Skincare | Korean Skincare Routine for Men |
| Best Products | Best Korean Skin Care Products for Men |
| Ingredients | Key Ingredients in Korean Skin Care for Men |
| Routine | Korean Skin Care Routine for Men |

「韓国の男性用化粧品」というトピックで英語のブログを書くためにキーワードをいくつかあらかじ
め用意した。

このキーワードでブログのタイトルを5つまとめて生成し、その結果
を確認してみます。まず用意したキーワードをグーグルスプレッドシー
トに入力し、結果のセルにクリエイティブでおもしろいブログのタイト
ルを書いてほしいとプロンプトに書き込みます。

| C2 | ▼ | *fx* | =GPT("Write a creative and fun blog title about",B2) | |
|---|---|---|---|---|
| | A | B | | C |
| 1 | Keyword Category | Keyword | | Title |
| 2 | | | | =GPT("Write a creative and fun blog title about",B2) |
| | Korean Skin Care | Korean Skin Care for Men | | |
| 3 | Men's Skincare | Korean Skincare Routine for Men | | |

結果のセルに要求することを書き込む。

私はB2セルのキーワードをトピックとして提示しました。入力を終えたらエンターキーを押します。最初のタイトルが生成されます。

　次はプロンプトを入力したC2セルを選択して最後のセルまでドラッグします。そうすると次のように同時に文を書き始めます。

| C2:C6 | fx | =CPT("Write a creative and fun blog title about",B2) | |
|---|---|---|---|
| | A | B | C |
| 1 | Keyword Category | Keyword | Title |
| 2 | Korean Skin Care | Korean Skin Care for Men | Korean Skin Care for Men: Get Ready to Glow! |
| 3 | Men's Skincare | Korean Skincare Routine for Men | Loading... |
| 4 | Best Products | Best Korean Skin Care Products for Men | Loading... |
| 5 | Ingredients | Key Ingredients in Korean Skin Care for Men | Loading... |
| 6 | Routine | Korean Skin Care Routine for Men | Loading... |

プロンプトを入力してからエンターキーを押すと、ChatGPTが結果を書き始める。

　こうしてブログの5つのタイトルが結果に出てきました。

| Keyword Category | Keyword | Title |
|---|---|---|
| Korean Skin Care | Korean Skin Care for Men | Korean Skin Care for Men: Get Ready to Glow! |
| Men's Skincare | Korean Skincare Routine for Men | Korean Skincare: A Man's Guide to Looking and Feeling His Best! |
| Best Products | Best Korean Skin Care Products for Men | Korean Skin Care for the Modern Man: The Top Products for a Fresh Face |
| Ingredients | Key Ingredients in Korean Skin Care for Men | The Secret to a Glowing Complexion: Uncovering the Key Ingredients in Korean Skin Care for Men |
| Routine | Korean Skin Care Routine for Men | Korean Skin Care: A Man's Guide to Looking Fresh and Fabulous! |

５つのキーワードを提供し、５つのブログのタイトルを要求した結果。

# YouTubeサムネイルを
# 同時に10個生成する

今度は私のようなYouTube初心者向けの内容です。サムネイルテキストを作るのも難しく、デザインツールも不慣れで画像を作ることも苦手な方に便利な機能です。

　これから⑥でYouTubeのタイトルとサブタイトルのテキストを生成し、画像編集ツール「Canva（キャンバ）」を使って同時に10個のサムネイル画像を生成してみます。

　まず⑥でYouTubeのアイデアとタイトル、サブタイトルを作ってみます。トピックは「子育て」です。

トピック：子育て
上記のトピックを見て、ChatGPTを使って作ることができる興味深いYouTubeのタイトルとサブタイトルを10個テーブル形式で書いてください。タイトルは15字以内、サブタイトルは20字以内です。目を引く単語と興味をそそる文章で作ってください。

以下は、子育てをトピックとし、ChatGPTを活用したYouTubeのタイトルとサブタイトルです。

| タイトル | サブタイトル |
|---|---|
| 子育ての現実、ChatGPTが語る話 | 子育て中の親が聞くべきリアルな話、ChatGPTが教えます |
| 子育ての秘訣、ChatGPTが教える方法 | 子育てを楽にする秘訣、ChatGPTが一緒です |
| 子育て中のストレス、ChatGPTが解消法を教えます | 子育て中に感じるストレスの解消法、ChatGPTが教えます |
| 子どもの健康、ChatGPTが教えるヒント | 子どもの健康の秘訣、ChatGPTが教えます |
| 子育てと家事、ChatGPTが教える効率的な方法 | 子育てしながら効率的に家事をする方法、ChatGPTが教えます |
| 子育て中に読むべき本とは？ | 子育てしながら読めるお勧めの本、ChatGPTが紹介します |
| 子育てYouTube、ChatGPTがお勧めするチャンネル | 子育てに関する便利な情報があるお勧めのYouTubeチャンネル、ChatGPTが紹介します |
| 子どもと一緒にするDIYプロジェクト | 子どもと一緒に作るDIYプロジェクト、ChatGPTがアイデアを提供します |
| 子どもとの会話、ChatGPTを役立てる方法 | 子どもとの会話が難しくなったとき、ChatGPTがお手伝いします |
| 育児中のメンタル、ChatGPTが面倒を見る方法 | 育児中のメンタル管理の仕方、ChatGPTが教えます |

　このように10個のYouTubeタイトルとサブタイトルができました。このテキストをCanvaが読めるようにCSVファイルに変換します。

　YouTubeのサムネイルをデザインするためのキャンバスを作り、10個のサムネイルを作る背景画像を選びます。

Canvaで背景画像を選び、タイトルとサブタイトルを入れる場所を決める。

　背景画像にタイトルとサブタイトルを入れる位置とそれぞれのサイズを決めます。ここに⑥が作ったテキスト10個を自動的に入力していきます。

- Canvaに CSVでデータをアップロードすると、その内容がリストとして表示される。
- このデータを画像の上のテキストと1つずつ連携させる。
- 画像の上に入れたタイトルのテキストの位置にCSVでアップロードしたデータを連携させる。
- 画像の上のタイトルテキストを選択し、右クリックして「データを割り当て＞YouTube タイトル」を選択。サブタイトルも同じ方法で紐づける。左下の「続行」ボタンをクリックします。
- Canvaに紐づけしたデータが左側にすべて表示される。
- 準備ができたらクリック。
- データが割り当てられたサムネイル10個が同時に生成される。

　もっとくわしく知りたい人やこれだけではよくわからない人は、「Canva 一括作成 サムネイル」などで検索して、解説動画を見てみてください。

Canvaを使って生成した10個のYouTubeのサムネイル画像。

こうして生成した画像は、ダウンロードする前にCanvaで文字の色や画像を一部変更して使うこともできます。YouTubeのサムネイルだけでなく、インスタグラムやフェイスブックで使う画像を作ってみてください。画像のサイズだけ変更し、構成要素を少し変えればいいのです。

　ここでは⑤とCanvaを利用して、画像を一括作成する方法について見てみました。完全な自動化まではいかなくても、数十ページの画像を一度にまとめて生成することができる方法の1つのアイデアぐらいに考えていただければと思います。

# ChatGPTでマインドマップを作成する

アイデアを生み出すツールはさまざまです。そのなかでも最もよく使われているツールの1つがマインドマップです。中心となるメインテーマから放射状に細かいテーマに分かれていき、考えを広げながらまとめる方法です。

⑥はアイデアを生成することはできますが、絵を描く機能はありません。そこで無料で利用できるマインドマップツールと連携させて使ってみます。これから使うツールはMindMeister（マインドマイスター）です。

マインドマップの生成に役立つマインドマイスターのメインページ。

MindMeisterではマインドマップを3つまで無料で作ることができます。

MindMeister に登録すると、プログラムの料金プランの案内ページが表示される。

　会員登録をしました。⑥でマインドマップに入力する基本アイデア
を生成してみます。

商品キーワード：10歳未満の子ども用化粧品
成分：100％オーガニック、植物性、リサイクル容器

商品のキーワードと成分を参考にして、クリエイティブなブ
ランド名15個と製品のアイデアを一緒に提供してください。
ツリー型で、英語で書いてください。

わかりました！　これは10歳未満の子ども用化粧品のキー
ワードと100％オーガニック、植物性、リサイクル容器の成
分について15個のクリエイティブなブランド名と製品のア
イデアです。

```Markdown Copy code
• Pure Sprouts
  ◦ Organic Baby Oil
  ◦ Natural Baby Lotion
```

- ◦ Mineral Sunscreen

- Earthy Babe
  - ◦ Lavender Bubble Bath
  - ◦ Soothing Aloe Vera Gel
  - ◦ Moisturizing Body Cream

- Little Leaves
  - ◦ Baby Shampoo & Body Wash
  - ◦ Nourishing Hair Conditioner
  - ◦ Organic Sunscreen Lotion

- Green Buds
  - ◦ Natural Bubble Bath
  - ◦ Organic Baby Powder
  - ◦ Soothing Baby Wipes

- Sweet Seedlings
  - ◦ Calming Baby Oil
  - ◦ Gentle Baby Shampoo
  - ◦ Mineral-based Sunscreen Stick

- Nature's Little Helpers
  - ◦ Moisturizing Body Wash
  - ◦ Natural Body Butter
  - ◦ Cooling After-Sun Spray

- Happy Sprouts
  - ◦ Baby Shampoo & Conditioner
  - ◦ Soothing Diaper Cream

- ○ Organic Lip Balm

- Earth Babies
  - ○ Gentle Hand Sanitizer
  - ○ Natural Body Powder
  - ○ Nourishing Hair Mask

- Pure Pals
  - ○ Baby Lotion
  - ○ Natural Bubble Bath
  - ○ Organic Sunscreen Stick

- Green Sprouts
  - ○ Gentle Baby Shampoo
  - ○ Moisturizing Body Lotion
  - ○ Soothing Aloe Vera Gel

- Tiny Treasures
  - ○ Organic Sunscreen Lotion
  - ○ Natural Body Powder
  - ○ Organic Lip Balm

- Earth Angels
  - ○ Calming Baby Wash
  - ○ Soothing Baby Oil
  - ○ Mineral-based Sunscreen Lotion

- Baby Blossom
  - ○ Moisturizing Body Cream
  - ○ Natural Bubble Bath

　こうして生成したアイデアはメモ帳にコピー＆ペーストしてタイトルと一緒にテキスト形式で保存します。

　MindMeister で「インポート」をクリックして保存したテキストファイルを開きます。

インポートするファイルをここにドロップする

サポートされているフォーマット：MindMeister、MindManager、XMind、Freemind、およびプレーンテキスト。

またはファイルをブラウズします

MindMeister ではさまざまな形式のファイルをアップロードできる。

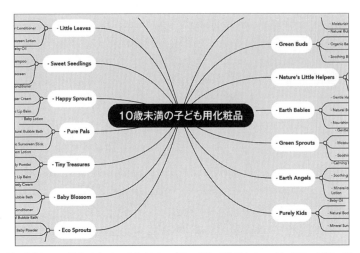

MindMeister にテキストファイルをアップロードして生成したマインドマップの一部。

ここまでの手順で、マインドマップが生成できました。
このマップで各項目をクリックしてアイデアを広げることができます。

　DAY6では、Ⓖをさまざまなツールと連携して使う例を見てみました。
これらの例にそって使ってみても、ある程度は役に立つと思いますが、
実際の業務で使っているツールとⒼをどうすればうまく連携させて使
えるか、そのアイデアをご自身で見つけてください。

　Ⓖを他のツールと連携させて使うことは、ひょっとしたらOpenAIサ
イトで孤立していたⒼを囲いの外に連れ出し、限界を克服する方法に
なるかもしれません。読者のみなさんが使ったさまざまな例が、近いう
ちにオンラインで見られることを期待しています。

DAY

7

実践のための
プロンプト120+α

Practical Business Prompts

DAY7で紹介する120＋αのプロンプトのリストは私が直接アウトプットをテストしたビジネスプロンプトです。活用しやすいように業務のカテゴリー別に分けてみました。

　プロンプトを使う前に次の内容を必ずお読みください。

1. プロンプトのカテゴリーがあいまいな場合、似たようなプロンプトが多いカテゴリーに分類しました。

2. プロンプト内の「上記の内容」、「下記の内容」など、コンテクストが必要な場合は、みなさんが直接コンテクストを入力すると、アウトプットが出てくるものです。

3. プロンプト内の出力個数やフォーマットは必要に応じて、適宜変更してください。

4. テストはしましたが、一部のプロンプトは一度では求めている結果が出ないこともあります。そのときは再度行ってみたり、プロンプトの内容の一部を修正したりしてお使いください。

5. とくにテーブルフォーマットのような場合、10回のうち7、8回は指定した形式で出てきます。根気よく数回試してみてください。

6. [　]内には適宜必要な内容を入れたり、入れ替えたりしてください。

## 人事 (HR)

### 001

私は［UXデザイナー］です。模擬インタビューの質問を10個書いてください。

### 002

上記の求人広告を見て〇〇〇ポジションに応募する下記の応募者のカバーレターを書いてください。経歴とポートフォリオについて肯定的に言及してください。

### 003

上記の内容を参考にして求人用の職務記述書を書いてください。

### 004

上記の職種で求人用の面接質問リストを重要度の高い順に作成してください。

### 005

上記の職務記述書を参考にして求人広告を書いてください。

### 006

上記の会話内容を見てAとBのMBTI＊を予測して教えてください。

＊性格診断テストによるタイプ

## 007

UXデザイナーのための模擬面接のスクリプトを書いてください。

## 008

デジタル・マーケティング・マネージャー［　］に宛てたカバーレターを書いてください。クリエイティブな仕事の経験と技術的なスキル、UCLAでMBAを取得したこと、リーダーシップのスキルについて述べてください。

## 009

あなたはUIデザイン職の面接担当者です。私が候補者になり、あなたは私にそのポジションの面接の質問をします。面接担当者として、各ターンの一部分（質問と回答）だけを書いてください。私に質問をしてください。

## 010

面接の質問リストを用意してください。

# セールスとマーケティング

### 011

上記製品の長所と短所をそれぞれ10個ずつ書いてください。

### 012

上記製品について下記の説明を参考にしてSWOT分析を行ってください。

### 013

上記製品について下記の内容を参考にしてメディア向けのプレスリリースを書いてください。

### 014

上記製品を購入する潜在顧客のペルソナを作ってください。

### 015

上記製品のネーミングのためにブレーンストーミングをしてください。ブランド名を10個提案してください。

### 016

上記の内容を読んで、英語、日本語、スペイン語でそれぞれ要約を書いてください。

### 017

上記の内容を参考にして購入に関する問い合わせメールを作成してください。

## 018

上記のデータは [ ] についての内容です。このデータを分析して [ ] について見通しを立ててください。

## 019

あなたはウォートンMBA出身のビジネスマンです。あなたが知っている代表的なビジネスフレームワークと簡単な説明、適用分野を含めたものを表形式で作成してください。

## 020

上記のリストのなかから競争分析に役立つフレームワークを10種類だけ取り上げ、同じ形式の表にしてください。

## 021

TeslaについてSWOT分析をしてください。

## 022

上記のSWOT分析をシックスハット法のフレームワークに追加して分析してください。

## 023

上記の分析結果にもとづいて4P戦略を提案してください。

## 024

顧客のペルソナを設定するためにアンケートに入れる質問のリストを提案してください。

## 025

上記の本について米国の出版代理店に送る提案メールを書いてください。

## 026

上記製品を見てセールスピッチ*を書いてください。製品の機能より顧客の特典を強調してください。

*簡潔なプレゼンテーション

## 027

MBTIのタイプがENTP**のように見える顧客が上記の状況だとどんなことを言うか書いてください。

**討論者タイプ

## 028

海外の医療機器のバイヤーを見つけるために無料で製品を宣伝できるサイトをすべて教えてください。

## 029

イスラム教徒のマレーシアのバイヤーが日本を訪問します。夕食でメインになる日本料理のメニューを5つ推薦してください。

## 030

上記のスケジュールとルートでCES***に参加します。時間と場所を考慮してディナーのレストランを推薦してください。

***Consumer Electronics Showの略。世界最大のテクノロジー見本市

# コンテンツ企画

## 031

[マーケター向けに8時間、計4つのコースがあるデジタルマーケティングブートキャンプコース] を以下の形式で作成してください。
- ［タイトル］
- ［タグライン］
- ［コース1］
- コース内容のまとめ
- 期待効果

## 032

上記製品のブログ記事のアウトラインを作成してください。

## 033

上記の記事を3行に簡単にまとめてください。

## 034

上記製品をベトナムに宣伝するために年間のコンテンツカレンダーを日付、コンテンツタイトルの構造で作成してください。

## 035

上記の記事を読んで、グーグルのSEO対策用のキーワードとメタディスクリプションを書いてください。

# コピーライティング

## 036

上記製品のフェイスブックの広告コピーを下記の内容を参考にして書いてください。

## 037

上記製品のユーチューブ動画のアイデアを10個、以下の内容を参考にして作ってください。

## 038

上記製品のインスタグラムのキャプションを下記の内容を参考にして書いてください。ハッシュタグとこれに適した絵文字を3〜5個程度入れて書いてください。

## 039

上記製品について下記の説明を参考にしてユーチューブの広告コピーを書いてください。

## 040

上記製品について下記のインフルエンサーにレビューを提案するメールを書いてください。

## 041

下記の文を専門的で論理的なトーンに書き直してください。

## 042

下記の文を PSA＊構造にして説得力のある文に書き直してください。

＊公共サービス広告

## 043

上記のブログ記事をインスタグラムのフィード投稿用に書いてください。

## 044

上記の新製品発売の案内メールを明るく前向きなトーンで書いてください。

## 045

ヘッドライン、サブタイトル、ボディコピー、CTA を取り入れた構造で以下のカフェの広告コピーを 3 つ書いてください。

## 046

以下の広告コピーにキレを加えてもう一度書き直してください。

## 047

上記の内容を考慮してインスタグラム、ティックトック、フェイスブック、YouTube の動画タイトルをおもしろく書いてください。

## 048

上記製品について下記の構造でランディングページのコピーを書いてください。

## 049

上記の○○○をシェフにし、製品を食べ物にたとえてこのプロジェクトを説明してください。

## 050

[トピック] に関連する5つのライティング・プロンプトのリストを書いてください。プロンプトは、[出版物の種類] に掲載される [記事の種類] で使用するのに適している必要があります。

## 051

上記の商品説明に関するFAQを書いてください。

## 052

H2-H3-小見出しと箇条書きで、キーワード [　] について200語のアウトラインを作成してください。

## 053

キーワード [　] についてのよくある質問のリストを作成してください。

## 054

次のキーワードを含むキャッチーな記事タイトルを10個作成してください。

## 055

[　] についてのキャッチーなタイトルを5つ考えつつ、ゲスト投稿を売り込む300文字のエキサイティングなアウトリーチメールを書いてください。

## 056

2000字で商品説明文を作成してください。

## 057

上記の商品について、ランディングページのトップページの一番最初に表示される部分に載せるコピーを書いてください。

## 058

書籍『週4時間だけ働く』についてインスタグラムに投稿する文章を書いてください。
次のフォーマットに従ってください。
［この本を読んだ理由を書いてください。］
この本から学べることは以下の通り：
1）［本から重要な学びを追加］
2）［本から重要な学びを追加］
3）［本から重要な学びを追加］

# アイデア出し

### 059

ベトナム料理をトピックにしたアクティビティ商品のアイデアを10個提案してください。

### 060

K-POPをトピックにして月刊誌に入れる記事のアイデアを10個提案してください。

### 061

キムチそうめんでアメリカ市場に進出するつもりです。最大級の食品流通チャネルを10個提案してください。

### 062

和牛祭りを企画するつもりです。お祭りに多くの外国人が参加できるよう、イベントのアイデアを10個提案してください。

### 063

人工知能を使った教具のアイデアに番号を付けて10個書いてください。

### 064

上記のアイデアに以下の条件を反映してさらに10個のアイデアを生成してください。

## 065

上記の3番目のアイデアをSCAMPER法を適用したアイデアに変更してください。

## 066

上記の2番目のアイデアについてシックスハット法を活用して6つの観点から意見をください。

## 067

上記のシックスハット法の結果を参考にして製品のコア機能と安全性を考慮した設計アイデアをくわしくテーブル形式で書いてください。

## 068

子ども用おもちゃの安全基準を適用して製品の設計方針を説明してください。

## 069

ネットフリックスで見られる人工知能と関連のある映画を5つ推薦してください。

## 070

スペインの6月の旬の食べ物を推薦してください。

## 071

上記の材料で4品のコース料理を作るつもりです。料理の順番、メニュー、レシピ、調理時間を表形式で作ってください。

## 072

上記のメニューを見てペアリングするといいワインの品種を推薦してください。

## 073

上記の報告書を受け取った上司が言いそうな質問を10個、リストにして書いてください。

## 074

チームビルディングのワークショップ用にアクティビティのアイデアを10個書いてください。

## 075

ケトジェニックダイエット*のメニューを考えてください

*ケトン体の性質を利用した厳しい糖質制限を行うダイエット法

## 076

[ ]に関する本のアイデアを出してください。

DAY7

# 検索エンジン最適化（SEO）

### 077
スキーママークアップをつくってください。

### 078
［　］に関するSEOキーワードをリストにしてください。

### 079
［　］に関するSEO記事で最適なキーワードを箇条書きで教えてください。

# アウトプットのフォーマット指定

**080**

上記の内容をテーブル形式に変換してください。

**081**

上記の内容をテーブル形式に変換してください。下記の列構造を参考にしてください。

**082**

上記の内容をすべて読んで理解できたら「OK」と答えてください。

**083**

上記の内容をツリー構造のリスト形式に変換してください。

**084**

上記の内容をマークダウン記法で書いてください。

**085**

上記の文に内容と関連のある絵文字を追加してください。

**086**

上記の内容を読んで理解できたら✓と答えてください。

**087**

この製品の試案を画像生成AIツールのMidjourneyで生成するためのプロンプトを書いてください。

## 088

上記のコードを読み、1行ずつ簡単な言葉でコメントを付けてください。

## 089

購入リストにまとめてください。

## 090

列を追加して、新しい列に映画に関連する絵文字を挿入してください。

## 091

CSV形式に変換してください。

## 092

Pythonコードに変換してください。

## 093

マークダウンで回答してください。

## 製品企画

### 094

上記製品で追加のラインを開発するつもりです。追加する製品のアイデアを提案してください。

### 095

上記のトピックに関する製品のアイデアを下記の内容を参考にして提案してください。
製品名：
製品の説明：

### 096

あなたは経歴20年のコピーライターです。上記の製品について下記の構造と説明にそってマーケティングコピーを書いてください。
1. 製品名：
2. タグライン：
3. ターゲット顧客：
　1）コアターゲットグループ：
　2）サブターゲットグループ：
4. コア顧客のペルソナ：
　• 顧客の年齢
　• 性別
　• 職業
　• 居住地域
　• 趣味
　• 関心事
　• 人生観

- 購買嗜好
- ニーズとウォンツ：顧客の最大のニーズ５つとウォンツ５つを書いてください。
5. マーケティングコピー：顧客のペルソナを参考にして300字以内で書いてください。
6. ソーシャルメディアのインスタグラムに投稿するキャプションをターゲットごとに３つずつ書いてください。
7. YouTubeのキャンペーン動画のアイデアを３つ書いてください。

## 097

上記のコンセプトを活かした製品名を提案し、説明を書いてください。

## 098

アラブ首長国連邦で日本料理店を開業する際に、考慮すべきチェックリストを書いてください。

## 099

上記のサービスをアプリで作りたいです。アプリに入れる機能の仕様を書いてください。

# 一般的な書き方

## 100
上記の内容を200字以内で要約してください。

## 101
あなたは幼稚園の先生です。上記の内容を子どもたちの目を見て話すように一番簡単な話し言葉に書き直してください。

## 102
上記の内容を英語に翻訳してください。

## 103
上記の内容を2倍の長さで書いてください。

## 104
上記の内容をHTMLに変換してください。

## 105
上記製品の紹介文を書いてください。

## 106
上記のメールを読んで、下記を参考にして返信メールを書いてください。

## 107
上記の内容を読んでキーワードを抽出してください。

## 108

本［　］について500字以内で紹介文を書いてください。

## 109

上記のコピーを英語、中国語、ベトナム語に翻訳してください。［言語］-［翻訳内容］形式で書いてください。

## 110

上記の要約文を下記の報告書形式で書いてください。

## 111

上記の文書形式と内容を見て、こうした結果を得るためにユーザがあなたに入力したプロンプトを予測して書いてください。

## 112

上記企業の従業員の福利厚生制度と下記の自社の福利厚生制度を比較してください。自社の福利厚生制度に加えることを考慮すべき事項をリストにしてください。

## 113

次の段落の文章を膨らませるアイデアを書いてください：［　］

## 114

コーチングとセラピーを比較した文章を書いてください。

## 115

上記のレポートについて、ポジティブなコメントを書いてください。

## 116

上記のフォローアップメールを書いてください。

## 117

上記の記事を日本語に訳してください。

## 118

スティーブ・ジョブズのように、上記のアイデアに率直なフィードバックを書いてください。

# オリジナルの実務用
# プロンプトの作成

　プロンプトを作成するのにある程度慣れましたか？　それでは次に挑戦する課題は「オリジナルの実務用プロンプト」のテンプレートを作ることです。実務用プロンプトを作るのに一番簡単で早いのはすでにあるフレームワークを活用することです。

　これから紹介する内容はすでに使われているフレームワークを利用してオリジナルのプロンプトを作る方法です。よく知られているビジネスフレームワークを使うのでⒼもすぐに理解でき、アウトプットもうまく出てきます。

## 10-1

## SWOT分析を活用するプロンプト

119

［製品名］アマゾン人工知能スピーカー

［業務の要求事項］
あなたはウォートンスクールのMBA出身で、経歴20年目の経営コンサルタントです。あなたはビジネスモデルの設計と分析の専門家として活動しています。上記製品について下記の形式でSWOTビジネスモデルを分析してください。

［アウトプット形式］
・SWOT分析をした結果で作成してください。
・まずSWOT分析とは何かを簡単に説明してください。

- 強み（S）、弱み（W）、機会（O）、脅威（T）でタイトルを書き、その下の行に分析した内容を最大で5つ番号を振って書いてください。その下にSO、ST、WO、WTのアクションプランを書いてください。

[SWOT分析とは]
[分析結果]

強み
1.
2.
3.
4.
5.

[SO]
[ST]
[WO]
[WT]

## 10-2

# PEST分析を活用するプロンプト

### 120

[プロジェクト名] パタゴニア再生繊維ソックス企画

[業務の要求事項]
あなたはウォートンスクールのMBA出身で、経歴20年目の経営コンサルタントです。あなたはビジネスモデルの設計と分析の専門

家として活動しています。上記のプロジェクトについてビジネスモデルを分析してください。上記ビジネスのPEST分析の結果を表形式で作成してください。計４つのセクションに分かれます。下記の構造とテキストのフォーマットを利用してください。

1. ［分析の要約］50字以内に要約した分析内容。
2. ［PEST分析とは］分析についての簡単な説明。
3. ［分析結果］４つの要因に対する分析結果を各項目別に300字以内のリスト形式で書いてください。
4. ［アクションプラン］上記の分析内容で会社がすべきことをリストにして書いてください。

［フォーマット］
・プロジェクト名：

［分析結果］
Political Analysis
Economic Analysis
Sociological Analysis
Technological Analysis

## 10-3

## ポーターの５フォース分析を活用するプロンプト

### 121

［プロジェクト名］人工知能とセンサーを利用して交換時期を知らせる子ども用おむつ

［業務の要求事項］

あなたはウォートンスクールのMBA出身で、経歴20年目の経営コンサルタントです。あなたはビジネスモデルの設計と分析の専門家として活動しています。上記のプロジェクトについてポーターの5フォースモデル分析の結果を利用して分析してください。計5つの要因でセクションが分かれます。下記の構造とテキストのフォーマットを使用してください。

［分析の要約］50字以内に要約した分析内容。
［ポーターの5フォースモデルとは］分析についての簡単な説明。
［分析結果］5つの要因に対する分析結果を各項目別に300字以内のリスト形式で書いてください。
［アクションプラン］上記の分析内容を戦略として使い、会社のアクションプランを追加してください。
［フォーマット］
• プロジェクト名
［分析結果］
要因1：説明
要因2：説明
要因3：説明
要因4：説明
要因5：説明

## 10-4

# 講義とセミナーのアウトライン作り

### 122

トピック：会社員向けの英語の発音矯正ワークショップ
対象：英語の発音を直したい会社員
期間：週末4時間

［業務の要求事項］
あなたは教育工学を専攻した講義のコース設計の専門家です。上記のトピックで講義の計画を立ててください。

対象を考慮して興味深いコース名、総学習時間、目標、資料、コースの説明、プログラムの詳細と学習時間、実習およびクイズ形式の評価、授業以外のアクティビティ、アクティビティ用の準備物を提案してください。以下のアウトプット形式の例にそって作ってください。

［アウトプット形式］
• コース名／総学習時間

## 10-5

# 顧客のペルソナ設計

### 123

製品名：テスラ
製品の説明：サイバートラック

［業務の要求事項］
あなたは消費者の行動心理学を専攻した経歴20年目の消費財専門経営コンサルタントです。あなたはペルソナと分析の専門家として活動しています。

上記の製品について潜在顧客のプロファイルの詳細な説明を下記の表形式で作成してください。

• 要約の説明：

- ペルソナ
1. 人口統計
2. 職業
3. 関心事
4. 好きな本
5. 価値観
6. 購買動機
7. 販売チャネルを含めたプロセス
8. 好きなコミュニケーション方法
9. メディアおよびソーシャル・ネットワークの利用状況

- ペルソナを考慮したコミュニケーション戦略:

　この本を通じて新入社員Ⓖと一緒に働く方法について見てきました。Ⓖと少しは親しくなれましたか？

　私が知っているすべてのことをできるだけわかりやすくお伝えしようと努めましたが、読者のみなさんの職種やⓇを使う目的によって私がまとめたプロンプトでは物足りないこともあるでしょう。私が提示したプロンプトはあくまでも例ということを忘れないでください。直接試してみて、自分に合った形に変えて使ってみてください。何度か使っているうちに欲しいアウトプットを得るためにはどのようにプロンプトを使えばいいのかきっと感覚が身につくことでしょう。

　経験こそが最高の先生だということをお忘れなく！

# 質問の時代:
# プロンプトエコノミー

The Age of Questions:
The Prompt Economy

生成AI分野の末っ子、ChatGPTは2022年11月にデビューしました。たった1か月でユーザ数が他のAIの先輩を抜き、3か月連続人気ランキング1位になりました。文書作成はもちろん、作曲もします。さらに弁護士、医師の試験にも合格してしまいました。

こうした驚くべき能力をほめたたえる人がいる一方で、副作用を懸念し、批判する人もいます。人工知能を統制できなければ、計り知れないほどの災難に見舞われるだろうと警告する人もいます。

人工知能に対する世のなかの憂慮を意識したかのように、OpenAIのCEOであるサム・アルトマンは、2月、顔をしかめる人々にこういい聞かせました。

「私たちのビジョンは、人間よりも優秀な汎用人工知能の能力をすべての人類が享受できるようにすることです」

サム・アルトマンはAIが人間に代わるものではなく、人類と共生するものであると強調しました。人工知能がほとんどの仕事で人間よりも優れた成果を出すようになるのは時間の問題です。恐れるものは、人間よりももっと優秀になる人工知能ではありません。「優秀でなくても、うまく生きていく方法」がわからない人間です。

## ● 人工知能が開いてくれたプロンプトエコノミー

これまでの教育は、「効率的な人材」を育てることに集中してきました。同じ時間内でより多くの仕事をする人が、効率的だとされます。人間は、世のなかが求めている効率的な働き方に応じるように生きてきました。

サム・アルトマンがいったビジョンのように、全人類が人工知能の能力を享受するということは、数千年間人間を評価していた「効率」という物差しを人工知能にすべて譲渡するという意味と同じです。

効率で製品の価格が決められ、年収が決められていた時代は終わろうとしています。もっと速く結果を出す効率の価値は、徐々に「0」に収束されるでしょう。より速く巧みに作れると達人になり、専門家になっ

ていた世のなかはすでに幕を閉じようとしています。

　では、人は何をすればいいのでしょうか？

　私は「質問すること」だと思います。答える時代は過ぎ去り、質問する時代が押し寄せています。いい質問は新しい考えを産む刺激になります。ソクラテスの問答法（産婆術）、ユダヤ人のハブルータ対話法は、いい質問がどのように創造力を引き出すのかよく表しています。
　ChatGPTの人気で、人類が休む間もなく質問（プロンプト）することに悩み始めました。ひたすら答えてばかりいた人類が、いい質問を組み立てるのはとても困難なことです。しかし、これからはいい質問を探りながら、またそれを集めていくのです。さらに質問を売ったり、買ったりもします。価値のあるプロンプトに値段を付けて取り引きするプロンプトエコノミーです。

質問の時代が来ました。

はい。質問の時代はすでに到来しています。現代社会ではインターネットとモバイル技術などを通じてほとんどの情報に簡単にアクセスでき、これらの情報のなかから真実と有用なものを判断するためには多くの質問と検証が必要です。したがって、知識を習得して理解するために質問は非常に重要な役割を果たします。

また、現代社会では創造力と革新が重要な価値として認識され、新しいアイデアを考え出すために質問を通して新しい視点を提示し、問題を解決する方法を見つけることが不可欠です。さらに、質問は対話とコミュニケーションにおいても重要な役割を果たします。いい質問をすることによって相手の考えや意見を理解し、対話をより興味深いものにすることが

できます。

そのため、質問の時代は、情報と知識の爆発的な増加とともに知識の習得と問題解決への新しいアプローチ法として認識され、知識を習得し、発展させるためには質問を重要視することが必須となります。

## ● 答える時代から質問する時代へ

　私たちは人工知能から知識と情報を得るためのプロンプトだけでなく、人から知恵を得るプロンプト、さらに関心を引くプロンプトまで持っていることが求められます。質問する時代では質問が資本になり、力になるのです。

　この本で紹介した内容も同じです。私はChatGPTを実用的に利用する方法を紹介しました。しかし、目標は、読者のみなさん自身が決める必要があります。その道に進めるようにするプロンプトは、この本からアイデアが得られるだけで、みなさん自ら作って使えるようにしなければなりません。

　結局、大切なのは、人なのです。人工知能が人類のすべての問題を解決できるわけではなく、これからもそんな日は来ないでしょう。とくに人工知能が生成したコンテンツを鵜呑みにしてはいけません。前述で何度もプロンプトとその回答を紹介しながら、完璧なコンテンツが生成されることはないと強調してきました。人工知能を活用して得た結果は、ファクトチェックが欠かせません。

　逆説的に聞こえるかもしれませんが、この本で成し遂げたい目標は、「この本を読んだ読者のみなさんにとって、この本を必要なくなるように役立つこと」です。さっそく実験と試行錯誤を繰り返しながら、オリジナルのプロンプトスタイルとプロセスを見つけてください。

　本書が答える時代から質問する時代へ移るのに少しでも役に立つ本で

あることを願っています。そして、いつかこの本を鍋敷きやダンボールのなかの隙間を埋める緩衝材として使っているという読者のみなさんのお話を聞いてみたいです。

この質問を最後にお別れのあいさつといたします。

「今日はどんないい質問をしましたか？」

## ソン・ジュンヨン

2度のイグジットと5回の廃業を経験。頭より足が先に動く連続起業家。やりたいことが思い浮かぶと、すぐに税務署に走って行って、真っ先に会社を起こした。Webエージェンシー、ゲーム流通、外食業、医療観光のスタートアップを起業。ベトナム、マレーシア、香港にマーケティング代理店を設立し、累計9年間運営。2020年から小さなブランドのマーケティングを支援する事業を手がける。

現在、ChatGPT翻訳アプリ「Prompt Genie」プロジェクトのマーケティングを担当。韓国唯一のChatGPTコミュニティ、「ChatGPTers」のモデレーターであり、韓国で第1号のChatGPT拡張アプリのマーケティングを総括している。また、国内唯一のChatGPT「実践」ガイドチャンネル「AIプロンプト研究所」のYouTubeクリエイターでもある。

## 成本美江子（なりもと みえこ）

愛知県生まれ。翻訳家。韓国梨花女子大学通訳翻訳大学院を卒業後、言語の背景にある文化について更に学ぶために仁荷大学大学院で文化コンテンツ学を専攻し、日韓比較文化を研究。NHKソウル支局勤務後、漫画をはじめ、小説、学術書など多様な分野の翻訳家として活動。

7日（か）でマスター　仕事（しごと）にそのまま使（つか）える！
## ChatGPT完全攻略（かんぜんこうりゃく）ハンドブック

2023年9月10日　初版発行

著　者　ソン・ジュンヨン
訳　者　成本美江子
発行者　杉本淳一

発行所　株式会社日本実業出版社　東京都新宿区市谷本村町3-29 〒162-0845

編集部　☎03-3268-5651
営業部　☎03-3268-5161　振　替　00170-1-25349
https://www.njg.co.jp/

印刷・製本／リーブルテック

ISBN 978-4-534-06034-1　Printed in JAPAN